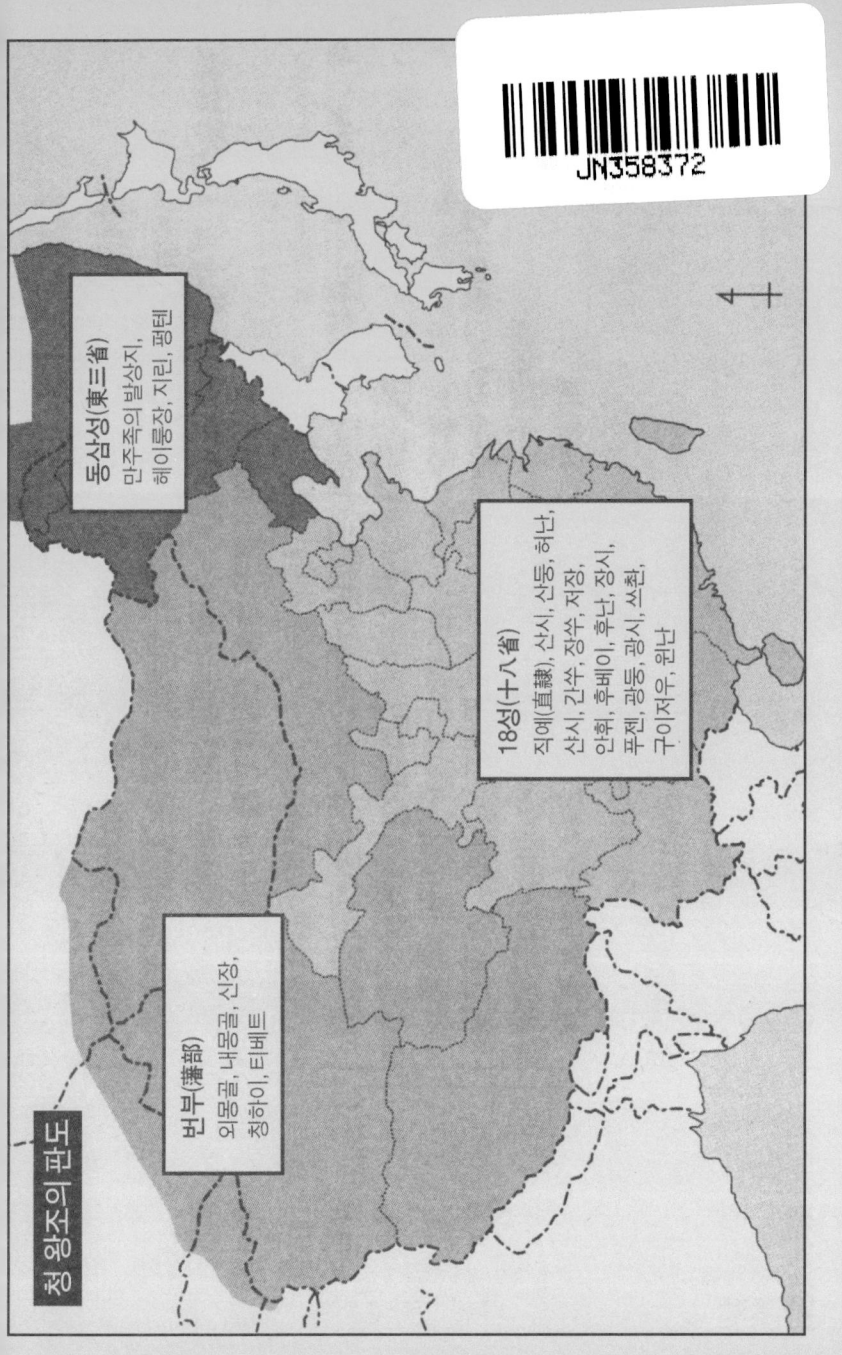

중국의
이민족
지배논리

중화민족의 탄생

이 도서의 국립중앙도서관 출판시도서목록(CIP)은 e-CIP홈페이지(http://www.nl.go.kr/ecip)와 국가자료공동목록시스템(http://www.nl.go.kr/kolisnet)에서 이용하실 수 있습니다. (CIP제어번호: 2012000478)

중국의
이민족
지배논리

중화민족의 탄생

中国の異民族支配

요코야마 히로아키 지음 | 이용빈 옮김

한울
아카데미

CHUGOKU NO IMINZOKU-SHIHAI
by Hiroaki Yokoyama

© Hiroaki Yokoyama, 2009

All rights reserved.
Original Japanese edition published by Shueisha Inc.
This Korean edition published by arrangement with
Shueisha Inc., Tokyo
in care of Tuttle-Mori Agency, Inc., Tokyo
through Imprima Korea Agency, Seoul.

이 책의 한국어판 출판권은 Tuttle-Mori Agency, Inc., Tokyo와
Imprima Korea Agency를 통해 Shueisha Inc., Tokyo와의 독점계약으로
도서출판 한울에 있습니다.
저작권법에 의하여 한국 내에서 보호를 받는 저작물이므로
무단전재와 무단복제를 금합니다.

추천의 글

21세기 강대국으로 빠르게 부상하고 있는 중국이 과연 어떠한 국가로 귀결될 것인지는 한국과 같은 주변국뿐만 아니라 전 세계인의 지대한 관심사이다. 2008년 경제위기 이후 중국의 경제력이 발신하는 세계적 존재감은 더욱 커졌고, 빠르게 등장하는 중국의 새로운 군사무기들 역시 초미의 관심사이다.

이러한 중국이 어떠한 지역질서와 세계질서를 추구할게 될지는 많은 연구자들의 관심을 끌고 있는 주제이다. 유럽에서 시작된 근대 국민국가 질서가 동아시아에 들어오기 이전 중국이 동아시아를 어떠한 이념과 전략으로 이끌어왔는지 역사적 전력을 추적하는 것은 매우 중요하고도 유력한 방법론이다. 동아시아의 문명을 이끌어온 중원은 때로는 중국 한족에 의해, 때로는 주변 이민족에 의해 다스려지며 주변에 엄청난 문화적 영향력을 발휘했다. 또한 통일과 분열을 반복하며 역동적인 정치체의 모습을 보여주었다. 중국이 민족과 문명을 단위로 끊임없이 자신을 재편해온 역사를 읽으면 향후 중국의 영향력이 확대된 동아시아와 세계를 어떻게 인식할 수 있을지 실마리가 발견될 것이다.

이 책은 신해혁명 이후 중화민국을 연구해온 일본 학자가 20세기 중국의 국가관과 민족관을 추적한 연구서이다. 만주족이 지배해온 중국대륙을 한족이 회복하고 근대 이전의 정치체를 근대 국민국가로 다시 세우는 과정에서 민족을 어떻게 정의할 것인가, 국가의 범위를 어떻게 획정할 것인가는 가장 기본적이면서도 중대한 문제였다. 저자는 19세기 말 근대 이행기의 중국 지식인들의 생각과 신해혁명 과정, 중화민국의 건립과 공산주의를 기반으로 한 중화인민공화국의 건국 과정에 나타난 중국인들의 국가관과 민족관을 세밀하게 분석하고 있다.

저자는 중화와 이민족을 나누고 차별하는 화이지변의 역사관과, 안과 밖을 아우르는 대일통의 역사관이 중국 역사에 뿌리 깊이 자리하고 있음을 지적하면서, 중국의 근대화 과정에서 이러한 양자대립의 인식이 모양을 달리하며 끊임없이 부활하고 있음을 지적하고 있다. 근대 중국의 아버지인 쑨원이 만주족을 달로라 멸칭하며 중화의 회복을 외치고, 황제의 자손으로 중국

인의 범위를 한정한 데 반해, 캉유웨이와 같은 입헌주의 변법파
는 화이지변은 문화적 차이이지 종족적 차이가 아니라고 주장
하며 대일통의 근대 중국을 꿈꾸었다.

만주족이 축출되고 한족에 의해 탄생한 중화민국 역시 자신
의 구성원의 범위를 두고 논쟁을 거듭했다. 한, 만, 몽골, 회, 티
베트의 5족을 아우르는 5족 공화론이 대일통의 전통에 서 있었
다면, 중화민족 중심의 한화, 동화정책은 여전히 화이지변의 뿌
리가 깊음을 보여주고 있다.

현대 중국을 건설한 공산당과 마오쩌둥의 민족관은 앞으로
의 중국을 엿보는 데 매우 중요한 측면이라는 저자의 생각은 공
감을 끌어낸다. 공산당은 국민당과의 권력쟁탈, 그리고 이후 반
제투쟁의 과정을 거치면서 주변민족의 자치와 독립을 허용하
는 자유연방제를 핵심정책으로 삼았다. 그러나 저자는 중화인
민공화국이 건국되면서 자유연방제를 부정하고 공산당 주도의
대일통주의가 다시 복귀되는 과정을 강조하면서 추적하고 있
다. 기존 중국의 범위 안에 있던 소수민족을 소위 대가족이라는
이름으로 포괄하고, 위로부터의 국민형성 과정에 열을 올리게
되었다는 것이다. 그 과정에서 내몽골, 티베트, 신장 등의 민족
은 자율성을 빼앗겼으며, 한족 중심의 민족우열차별주의가 현
중국의 정책 속에 잠재되어 있다고 분석한다.

저자는 일본인으로서 과거 동아시아에서 제국주의로 많은 아픔을 안겼던 일본이 과거 침략의 역사를 망각했을 때 가지게 되는 문제를 반성하고 있다. 동시에 이러한 일본에 빗대어 중국의 민족정책을 간접적으로 비판하고 있다. 동아시아의 근대화 과정에 잠재되어 있던 민족의 문제, 21세기 동아시아를 여전히 괴롭히고 있는 민족주의의 문제를 모든 아시아인들이 지혜를 모아 해결해나가야 한다는 점에서 이 책은 미래를 보는 새로운 실마리를 제공해준다고 하겠다.

2012년 2월

서울대학교 정치외교학부

외교학전공 교수

전재성

한국어판 서문

이 책이 한국어로 번역, 출판되어 매우 기쁘게 생각한다. 전통적인 중국의 화이질서(華夷秩序) 개념에 따르면, 한국과 일본은 모두 동이(東夷)에 속하기 때문이다. 양국은 도서(島嶼) 국가와 반도(半島) 국가로서의 차이점은 있지만, 역사적으로는 항상 중국의 영향을 강력하게 받아왔다. 따라서 중국의 천하질서관에 대해 한국과 일본이 공통된 인식을 할 필요가 있을 것이다.

이 책은 무엇보다 신해혁명 100주년을 의식하여 출판된 것이다. 청조(淸朝)의 붕괴와 중화민국의 탄생을 가져온 신해혁명은 두 가지의 측면을 지니고 있었다. 첫 번째는 광복혁명으로서 북적(北狄)인 비천한 만주족의 지배로부터 한족(漢族) 지배의 광영(光榮)을 회복시키는 혁명이었다. 그리고 두 번째는 공화혁명으로서 장기간의 황제 전제의 왕조체제를 종식시키고 공화국가를 건설하는 혁명이었다.

쑨원은 첫 번째의 측면을 민족주의(nationalism)로, 그리고 두 번째의 측면을 민권주의(democracy)로 각각 불렀다. 이 가운데 이 책은 민족주의의 측면을 다루면서, 이를 중국의 이민족(異民族)에 대한 정책의 관점에서 기술한 것이다.

중국이 제창한 민족주의는 한족이 지배하는 민족주의이며, 한족에 의해 지배받고 있는 이민족은 자유롭게 독립할 수 있는 민족자결권이 인정되지 않는다. 이것은 아무리 생각해보아도 납득할 수 없는 것이다. 한족과 다른 민족이 평등하다면, 한족에게 인정된 권리는 다른 이민족에게도 인정되어야 한다.

이러한 단순한 발상으로부터 신해혁명과 그 이후 중국의 이민족 정책에 대해 검토했다. 신해혁명이 지니고 있는 광복혁명으로서의 성격은 한족이 추구한 만주족 지배로부터의 독립이라는 측면만을 통해 모든 것을 설명할 수는 없을 것이다. 만주족의 압정에 고통을 받았던 것은 한족뿐만이 아니라, 다른 수많은 이민족도 그러했다. 광복혁명에 의해 한족의 국가를 회복시켰다면, 수많은 이민족도 독자적인 국가를 회복할 수 있다. 그러나 그와 같은 길은 중간에서 끊어졌다. 왜 그러한가? 그리고 그와 같은 민족적 불평등(민족차별관)은 어떻게 계속 유지되었던 것인가? 나아가 소수민족이라고 총칭되고 있는 중국 내부의 이민족은 현재의 제국적 질서 아래에서 어떻게 지배되고 있는가? 바로 이러한 것을 규명하고자 했다.

중국을 둘러싼 전통적인 이민족은 티베트족, 위구르족, 몽골족 등 중국판도 내부의 이민족에 국한되지 않는다. 일본, 한국, 북한, 몽골, 베트남 등의 독립국가도 과거 이적(夷狄) 세계의 한 구성원이다. 중국이 말하는 '사해 안은 모두 형제이다(四海之內, 皆兄弟也)'의 틀 내에서 위치가 설정된다.

현저하게 부상(浮上)하고 있는 중국이 동아시아에 군림하는 대중화(大中華)의 재현에 성공한다면, '화이질서'를 과거의 유물로서 마냥 웃고 넘길 수는 없게 될 것이다. 강대국 중국은 '형님(兄)'으로서, '아우(弟)'인 이적(夷狄)에 대해서 중화적 가치관에 입각하여 행동하게 될 것이기 때문이다.

이러한 숙명을 수용할 것인가, 아니면 거부할 것인가? 그것은 각각의 국가, 민족이 결정하면 될 것이지만, 이를 위해서 무엇보다도 중국의 민족정책의 원리와 역사를 인식할 필요가 있을 것이다.

2012년 2월
신해혁명과 중화민국 수립 100주년을 맞이하여
요코야마 히로아키

차례

추천의 글 __ 5

한국어판 서문 __ 9

서론 15

제1장 화이지변과 대일통: 배외와 융화의 중화사상 23

제2장 혁명파와 변법파: 청나라 말기 '두 가지' 중화사상의 투쟁 47

제3장 신해혁명과 5족 공화: 배외로 시작되어 융화로 끝난 혁명 103

제4장 코민테른, 공산당과 국민당의 투쟁: 민족자결과 중화사상 155

제5장 장제스의 국민정부 시대: 구조불변의 중화제국 179

제6장 공산당의 민족정책: 그것은 해방이었는가? 211

결론 256

지은이 후기 __ 265 ㅣ 옮긴이 후기 __ 270

연표 __ 273 ㅣ 주요 참고문헌 __ 282

일러두기

1. 이 책은 요코야마 히로아키(橫山宏章)의 『中國の異民族支配』(集英社, 2009)를 완역한 것이다.
2. 이 책에서 외래어는 국립국어원 외래어 표기법(문교부 고시 제85-11호)의 규정을 따랐다. 다만 일반적으로 쓰이는 관용어는 그대로 사용했다. (예: 천안문, 산해관, 무창기의 등)
3. 이 책의 각주는 모두 옮긴이 주이고, 지은이 주는 본문에 괄호로 처리했다.
4. 원서의 사진 및 지도는 모두 수록했고, 일부 사진은 한국어판에서 새롭게 찾아 넣은 것이다.

서론

 다민족국가인 중국의 아킬레스건은 민족문제이다. 중국은 현재 일본 최대의 무역상대국이다.* 경제적으로 볼 때 실제적으로 중국 의존증에 빠져들고 있다고 말할 수 있다. 이러한 상황에서 중국 내부의 민족문제는 더 이상 남의 일이 아니다. 현대 중국은 수많은 민족분쟁과 결부되어 있음에도 거대한 제국으로서 발전을 실현했다. 그러나 제국은 그 내부에 수많은 모순을 내포하고 있기 마련이다. 이와 같은 거대한 리스크 요인의 하나가 한족(漢族)과 이민족(異民族) 사이의 대립이다. 따라서

---

* 한국무역협회의 통계에 따르면, 2011년 기준 한-중 총교역액은 2,206.3억 달러로 전년 대비 17.1% 증가했다. 중국은 한국과의 관계에서도 최대의 수출입 교역 대상국이다.

이민족 지배를 위한 중국의 논리를 이해하는 것은 우리에게 대단히 중요한 사안이다.

2009년 3월 10일, 티베트는 라싸 민중봉기 50주년을 맞이했다. 달라이 라마 14세가 인도에 망명했던 때로부터 반세기가 지난 지금도 티베트 문제는 미해결 상태로 남아 있다.

중국정부는 각지의 민족분쟁을 중화민족을 분열시키는 책동으로 규정하고 단호하게 대처하고 있다. 중국은 한족과 수많은 '소수민족'으로 구성된 다민족국가이며, 민족분쟁은 일관하여 국내모순으로서의 국내문제라고 설명하고 있다. 따라서 형태적으로 티베트 민족이나 위구르 민족이라는 '이민족'의 독립운동은 취할 수 없다.

지난 2008년 8월 중국 베이징 올림픽이 성황리에 개최되고 중국은 금메달 획득 수에서 미국을 제치고 세계 1위의 자리를 차지했다. 중국정부가 '민족의 제전'으로서 올림픽 개최의 성공을 호소했기 때문인지는 몰라도 베이징 올림픽이 개최되기까지의 경위를 회고해보면 중국이 갖고 있는 '민족의 고뇌'를 세계에 알릴 수 있는 기회이기도 했다는 점이 기억에 새롭다.

> 작년 3월 이래 티베트 전체에서 평화적인 항의운동이 일어났습니다. …… 우리들은 작년의 위기에 대해서 목숨을 잃은 동포,

고문을 받아 헤아릴 수 없는 고난에 처한 동포, 더욱이 티베트 문제가 시작된 이래 고통을 당하고 목숨을 상실한 모든 동포에게 경의를 표하며 축원을 드립니다. 「티베트 민족봉기 50주년 기념일에 즈음한 달라이 라마 법왕의 성명」, 2009년.

티베트 봉기의 도화선이 된 것은 2008년 3월 10일에 시작된 라싸에서의 티베트 승려의 항의행동과 그것에 대한 무력탄압이다. 이 탄압은 세계적인 비난을 초래하여, 세계 각지에서 성화 릴레이에 항의하는 사람들이 무리를 이루어 결과적으로 '자유 티베트(Free Tibet)'를 세계에 선전하는 행사가 되어버렸다.

현재 티베트에서는 중국정부의 낙관적인 전망으로 인한 수를 셀 수 없는 행위에 의해 자연환경이 현저하게 파괴되고 있다. 중국의 유입정책의 결과 티베트로 이주한 비티베트인의 수는 몇 배로 증가하여 티베트인은 자국에 있음에도 미미한 소수파로 전락하고 있다. 더욱이 티베트어, 티베트 문화나 전통 등 티베트인들의 본질이나 정체성이 서서히 소멸하고 있다. …… 티베트에서는 탄압이 지속되고 있다. 수를 셀 수 없을 정도의 상상을 초월한 인권침해, 종교의 자유에 대한 부정, 종교문제의 정치화가 계속 중대되고 있다. 이것은 모두 티베트인을 인간으로서 존중하는 자세가 중국정부에게 결여되어 있다는 것에 기인한다. 따라서 이것이 주된 국민감정이 되어 티베트인과 중국인 사이에 차별이 초래되고 있다. 「티베트 민족평화봉기 49주년 기념일에 즈음한 달라이 라마 법왕의 성명」, 2008년.

이 성명에 호응하여 티베트 라싸의 불교승려 수백 명이 중국에 대한 항의 시위를 일으켰다. 2008년 3월 14일에 중국인이 경영하는 상점을 파괴하게 될 정도로 시위 부대는 매우 예민해졌다. 올림픽을 통제하고 있던 중국 측은 황급히 항의하는 승려나 시위 부대에 대해 무력탄압을 가했고, 이에 따라 사망자도 나왔다. 사망자 수에 대해서는 중국당국과 티베트 망명정부 사이에 큰 견해 차이가 있다. 티베트의 시위에 대한 탄압을 통해 진정화에 성공을 거둔 중국은 이후 외국 미디어에 평온무사한 모습을 보여주기 위해 라싸의 조캉사(大昭寺)를 안내하자 승려 약 30인이 '티베트에는 자유가 없다'고 항의하여 짓궂게도 그 영상이 세계에 급속도로 전해졌다. 이와 같은 티베트 반란(중국에서는 '동란'이라고 표현)은 1959년 이래 사실상 지속적으로 발생하고 있다.

게다가 근년 들어 중국에서는 주목할 만한 새로운 상황이 발생하고 있다. 사회 불안과 민족 불안이 결합되어가고 있는 것이

망명 50주년 성명을 발표하는 달라이 라마 14세(왼쪽)　　　사진 제공: 마이니치 신문사(每日新聞社)

다. '개혁·개방' 정책의 어두운 유산인 현저한 '계층 격차'는 도처에서 사회폭동, 집단항의를 초래하고 있다. 그것은 지방에서 권력을 자의적으로 행사하는 공산당 관료의 오직(汚職) 및 부패에 대한 울분이 표출되는 것인데, 과거에 이러한 불만은 대부분 억제되어 폭발하는 일이 없었다. 그러나 공산당 지배의 철저함이 느슨해지기 시작한 오늘날 그동안 차별과 학대를 받아온 민중의 불만은 시위나 폭동으로 각지에서 분출되기 시작했다. 역설적으로 사회주의 국가에서 적나라한 계급투쟁이 전개되고 있는 것이다.

또한 티베트 이외에 신장 위구르 자치구에서도 다양한 독립

서론 19

운동이 발생하고 있는 양상이다. 언론보도에 대한 엄격한 통제 속에서 다양한 정보가 전해지지 않기 때문에 상세한 내용은 알 수 없지만 파괴행위나 시위가 여전히 발발하고 있는 상황이다. 또한 폭약을 대량으로 활용한 이슬람계 테러리스트가 체포되었다는 보도도 끊이지 않고 있다. 올림픽 이전에 일어난 윈난성 쿤밍(昆明)에서의 버스 폭파사건도 이슬람계 테러리스트가 벌인 일이라고 회자되고 있지만 확실하지는 않다. 어쨌든 중국이 두려워하고 있는 것은 이러한 각지에서 산발적으로 일어나고 있는 민족 시위, 테러 활동이 '동투르키스탄 독립운동'(제5장 참조)으로 연결되고 있다는 점이다.

한편 한족(漢族) 가운데에서 민족자치를 존중하는 움직임이 없는 것은 아니다. 2008년 12월 10일 저명한 인권활동가이자 작가인 류샤오보(劉曉波) 등 3,030명의 연서로 발표된 '08헌장'은 공개적으로 공산당의 일당독재 해체를 요구하고 동시에 연방제를 주장했다. 연방제의 구체적인 설계는 아직 제시되지 않았지만 "거대한 예지(叡智)를 발휘하여 각 민족이 함께 번영할 수 있는 방안이나 제도 설계를 탐구하여 민주헌정의 토대를 근간으로 하는 중화연방공화국을 건립한다"고 제창했다. 이것은 중앙집권주의자에게는 대단히 위험한 사상이다. 과거 1989년의 천안문(天安門) 사태에서도 이러한 연방제가 호소되었으나 탱크를 앞세운 무력에 의해 결국 봉인된 바 있다. 만약 성급하게 자유를 허락하면 변강민족에 대한 독립의 자유를 인정할 수밖에 없기 때문이다.

류샤오보

현재 중국에서는 '이민족'이라는 단어는 사라지고 이를 대신하여 '소수민족'이라는 용어가 사용되고 있다. 이 정의에 따르면 변강의 티베트 민족, 위구르 민족 등은 이민족이 아니라 한족을 중심으로 하는 '중화민족'을 구성하는 소수민족의 하나라고 설명된다. 말하자면 티베트 민족도 '동포'로 취급되는 것이다. 따라서 중국으로부터의 독립을 희망하는 것은 국가의 통일, 민족의 통일을 파괴하는 분열주의자의 책동이 된다.*

한족은 티베트 민족, 위구르 민족을 자신들과 이질적인 민족으로 간주하면서도 언제부터인가 이들을 '중화민족'을 구성하는 하나의 소수민족으로 만들어버렸다. 역사적으로 보면 중국은 이민족의 위협에 시달려왔으며 위에서 살펴본 달라이 라마

---

* 2005년 3월 14일 중국은 독립을 추구하는 타이완의 분열세력을 반대하고 억제하는 것을 주된 내용으로 하는 「반국가분열법(反國家分裂法)」을 통과시켰다.

의 성명은 티베트인과 중국인을 명확하게 구별하고 있다. 그러나 현대 중국은 티베트 사람들도 한족과 동일한 중화민족의 일원이라고 말하고 있다.

이와 같은 논리의 근거는 도대체 무엇인가? 이러한 의문을 해결하기 위해서는 중국의 민족정책의 역사적 변천을 명확히 이해하는 것이 필요하다. 그런데 중요한 것은 이것이 그렇게 단순한 문제가 아니라는 점이다. 이 책은 한족에 의한 이민족 지배의 논리를 중국 근대사에서부터 시작하여 탐색하고 규명한 것이다.

제1장

화이지변과 대일통

배외와 융화의 중화사상

 1911년 12월 발발하여 청 왕조를 전복시키고 이를 계승한 중화민국을 탄생시킨 신해혁명이 곧 100주년을 맞이하게 된다. 신해혁명은 중국에서 수천 년 동안 지속되어온 황제 전제의 왕조체제를 와해시켜 세계의 조류에 뒤처지지 않는 근대국가 체제를 구축하기 위한 '공화혁명'이었다고 할 수 있다. 그러나 무엇보다 첫 번째 의미에서 이민족인 만주 민족의 지배를 전복시킨 한족(漢族)에 의한 '광복혁명'이었다.

 '광복혁명'이란 이민족에 의해 지배되고 있는 '정의롭지 못한 천하'를 정상적인 질서로 되돌리는 것이다. 즉, 야만적인 '이적(夷狄)'인 이민족에 의한 중화 지배를 본래 있어야 할 모습으로 되돌려 이민족 지배에 의해 잃어버린 '중화' 한족의 영광을 다시 회복하는 것을 의미한다. 혁명파의 슬로건이었던 '타타르 오랑캐의 추방, 중화의 회복'이 '광복혁명'의 모든 것을 담고 있다. '타타르 오랑캐(韃虜)'란 만주 민족을 가리켜 '타타르의 무리'로 표현한 경멸적인 의미를 갖고 있는 용어이다. 신해혁명은 이민족인 만주 왕조의 타도와 한족 지배의 회복을 추구했던 한족 중심의 민족혁명이었다.

신해혁명 시기에 즈음하여 청 왕조 말기의 수많은 혁명파 인사들은 만주 민족의 배척을 내용으로 하는 '배만(排滿)'을 주장했다. 전통적으로 중국에서는 주변의 민족을 문화적으로 야만적인 '이적(夷狄)'으로 지칭하고 문명적으로 우월한 '중화'와 구별했다. 이것을 가리켜 중화와 오랑캐를 구분하는 '화이지변(華夷之變)'이라고 한다. 청 왕조는 만주 민족이 한족을 지배한 이민족 왕조, 즉 오랑캐 왕조인 것이며 중화적 가치관에 기준하여 볼 때 그것은 '이단에 의한 지배'이다. 이러한 비정상적인 상황을 '정통의 지배'로 회귀시켜야만 하는 것이다. 따라서 신성한 중국의 땅인 중화로부터 오랑캐 만주 민족을 쫓아내고 한족 중심의 중국을 회복시켜야 한다고 주장했다.

1. 이민족에서 소수민족으로

신해혁명에 대한 오늘날 중국의 역사적 해석은 발발 당시와는 크게 다르다. 혁명을 높게 평가하는 조류가 존재하는 한편 신해혁명의 본질은 한족 중심의 단순한 '종족주의'였으며 이민족 지배에 대해 복수를 한 '종족 복수주의'였다는 점을 들어 부정적으로 파악하는 흐름도 있다. 왜냐하면 현재의 중화인민공화국은 한족을 중심으로 하면서도 주변부의 다양한 이민족들을 '소수민족'으로 정의하고, 소수민족 전체를 통합한 '대가족'의 이념에 기초한 다민족국가의 건설을 추진하고 있기 때문이다. 이것은 뒤에서 설명하는 전통적인 '대일통(大一統)' 이념의 현대판으로 볼 수 있다. 즉, '화이지변'에 의한 '만주 민족 배척 혁명' 노선은 만주 민족뿐만 아니라 동일한 이적(夷狄) 집단인 티베트 민족, 몽골 민족, 위구르 민족 등도 함께 배척하는 것이 되어 한족과 55개 소수민족으로 구성되는 다민족국가로서의 중화인민공화국을 해체시킬 위험성을 내포하고 있기 때문이다. '대일통'의 틀 속에서 소수민족은 한족의 울타리 안에 서로 친밀하고 조화롭게 지내야 하는데, '화이지변'의 논리는 제국적인 광활함을 갖는 현대 중국의 지배에는 부합하지 않는다는 것이다.

최근 들어 우리는 '중화(中華)'라는 용어를 중국과 거의 같은 개념으로 사용하고 있다. 중화는 역사적 개념이며, 중국을 지탱해온 핵심적 담지체로서 '중화문명'은 황하유역의 중원 지방에 거주하는 한족에 의해 형성된 것이다. 이를 토대로 '중화'라는 표현 속에는 주변의 야만스러운 오랑캐는 본래 포함되어 있지 않을 것이라고 여겨졌다.

그런데 거꾸로 한족에게 오랑캐라고 불린 '이민족'은 중국정부의 정책 속에서 현재 한족과 평등한 '소수민족'으로 총칭되며 '중화민족'의 일원으로 간주되고 있다. 만주 민족은 말할 필요도 없고 티베트 민족, 몽골 민족, 위구르 민족도 현재는 이민족이 아니라 중국을 형성하는 소수민족의 일부이며 동시에 한족과 동일하게 '중화민족'을 구성하는 일원인 것이다.

이에 대한 중국정부의 설명은 간단하다. 전통적으로 중화와 오랑캐가 구별되었다고 해도 근대 국민국가 건설에 있어서 중국이라는 국가의 틀 속에서 중국에 거주하는 민족은 모두 '중화민족'으로 융합되었다고 한다. 이에 따르면 과거의 전통적인 '화이지변' 논리와 국가통일 및 국민통합을 완성시켜 강력한 통일국가를 건설한다는 근대적인 '국민국가' 논리는 다른 것이다. 그렇다면 이는 어느 정도 납득할 수 있다.

그런데 반대로 한족의 지배를 받게 된 '이적'의 입장에서 보면 이는 중국의 자의적인 논리에 불과하다. 때로는 '오랑캐 족속'으로 경멸하여 부르고 때로는 '이민족'으로 구별하면서, '소수민족'이라는 미명하에 종종 보호를 하면서도 한족 중심의 화이질서(華夷秩序)로부터의 이탈, 즉 '대가족'으로부터의 독립을 허락하지 않는 것에 대해 이민족의 불만이 폭발하는 것은 당연한 일인 것이다.

쑨원

혁명파의 중심에 있던 쑨원(孫文)은 중화민족의 형성을 '민족주의(내셔널리즘)'라는 단어로 설명하고자 했다. 그렇지만 세계 각지에서 민족주의가 고양되어 다민족을 포함한 다양한 제국들을 해체해온 근대 세계의 수많은 민족혁명과 중국에서 일어난 신해혁명은 여러 가지 측면에서 이질적인 것이었다. 그 결과 신해혁명 이후 100년간 등장했던 중화민국 및 중화인민공화국에서는 황제를 정점으로 하는 전제주의 통치가 종언을 맞이한 것에 불과할 뿐 절대적 권위가 화이질서로 규정된 천하를 통솔한다는 전통적인 천하(天下) 개념의 틀 안에 머물러, 한족이 영역 내의 다양한 이민족을 지배하고 통합하는 '중화제국(中華帝

國'의 논리구조를 온존시키고 있다.

따라서 중국공산당의 창설자인 천두시우(陳獨秀)는 말년에 국민당 독재나 공산당 독재를 부정하고, 반대당파의 존재를 민주주의의 기본 요건으로 강조했다. 그리고 이를 근거로 국민당이나 공산당에 의한 독재체제를 당에 의한 전제체제인 '당황제(黨皇帝)'라고 비꼬았다.

이러한 문제의식을 토대로 중화를 중심으로 한 전통적인 천하통일의 개념 속에 존재하는 모순되는 두 가지의 기본이념인 '화이지변'과 '대일통' 사이의 대립되는 역사를 고찰하면서 '중화제국'에 의한 이민족 지배의 논리구조를 밝혀보도록 하겠다.

2. '화이지변'의 역사

우선 '화이지변'부터 살펴보자. 화이지변은 '화이사상(華夷思想)'이라고도 하며 중화와 이적(夷狄)을 구별하는 중화사상이자 민족감정 혹은 민족논리이다.

'중화'가 중화문명을 만들어낸 한족의 영역을 의미하는 것은 명백하다. 반면 이적은 주변의 야만스러운 이민족을 지칭한다. 한족에 대해 침략을 지속해온 주변 이민족을 이적으로 호칭하고 이를 동이(東夷), 서융(西戎), 남만(南蠻), 북적(北狄)으로 각기 구분지어 대별했다. 이(夷)란 오랑캐의 야만스러움을 의미한다. 융(戎)이란 전쟁 도구, 병사를 지칭하는 것으로 문명이 없는 미개한 무리를 뜻한다. 만(蠻)의 벌레(虫)는 뱀을 지칭한다. 적(狄)은 개(狗)를 말한다. 모두 다 높은 문명을 과시하는 중화와 비교하여 문명의 혜택을 받지 못한 야만스러운 민족에 대한 멸시적인 호칭들이다. 이러한 구별이 강조된 원인은 북방의 이민족 혹은 서쪽의 이민족의 침략에 의해 중화가 지속적으로 난처한 상황에 직면했기 때문이다.

4세기경 5호16국 시대에는 북방계의 흉노(匈奴)와 선비(鮮卑), 티베트계의 저(氐)와 강(羌)이 중화의 땅을 침입했다. 송나라 시대가 되자 탕구트, 위구르, 거란(契丹), 만주의 여진(女眞 혹은 女直)의 이민족이 침략했고, 계속하여 13세기에 이르러 몽골민족에 의해 통합되어 광대한 이민족 왕조인 원 왕조가 출현했다. 원 왕조를 타도한 명 왕조의 건국으로 한족은 광복을 실현했지만 17세기에는 재차 여진족이 청 왕조를 세우고 중화의 천하를 지배하게 된다. 이처럼 중화는 끊임없이 주변으로부터의 침략에 번뇌했으며 때로는 이적인 이민족들에 의해 지배를 당했다.

이러한 굴욕을 청산하고자 하는 사상이 바로 '화이지변'이다. 이는 종족에 대한 복수를 정당화하는 '복수주의'의 발로인데, 여기에는 문명적인 질시와 민족적인 멸시로 가득하다.

그렇지만 '화이지변'은 민족적인 차별을 강조한 사상이 아니었으며, 화(華)와 이(夷)를 구별하는 기준은 무엇보다 문화적인 수준에 의해 결정되는 것으로 한족이라고 해도 낙후하고 야만스러운 지역에 거주하는 한족은 이(夷)로 취급되었다. 실제 『위서예지(魏書禮志)』에는 "아래로는 위(魏)나라와 진(晉)나라까지, 그리고 조(趙)나라와 진(秦)나라의 이연(二燕)은 중화에 머물러 있지만 덕조(德祚)가 매우 미약하다"라고 기록되어 있다.

이러한 맥락에서 화(華)는 중화문명이 발상한 황하유역의 한정된 문화적 중심지를 지칭하는 것에 불과했다. 화(華)와 이(夷)를 구별하는 것은 문명적인 도덕의 유무, 즉 '덕조(德祚)'의 유무였다. 춘추·전국시대 황하유역의 중원 지역인 현재의 뤄양(洛陽) 주변에 위치했던 주(周) 왕조에 인접한 위(魏)나라와 진(晉)나라는 중화에 속했다. 그러나 주나라의 서쪽과 북쪽에 위치했던 시안(西安) 주변의 진(秦)나라나 한단(邯鄲) 주변의 조(趙)나라는 한족의 나라였지만 문명 수준이 낮다는 이유로 야만스러운 오랑캐 나라들로 간주되었다. 따라서 현재의 중국 베이징 주변에 위치했던 연(燕)나라, 장강 하류의 강남(江南) 지방에 세워졌던 오(吳)나라와 월(越)나라는 중화문명의 중심지인 뤄양

부근에서 볼 때 진나라나 조나라보다 더 멀리 있고 야만적인 지역에 불과했다.

이와 관련하여, 『맹자(孟子)』의 「등문공장구상(滕文公章句上)」에 "하(夏)나라의 예의를 가르쳐서 오랑캐를 교화시켰다는 것은 내가 들은 바가 있지만 오랑캐로부터 교화를 받았다는 것은 아직 들어본 적이 없다"라는 기록이 있다.

문명 수준이 높은 중화인 하(夏)나라가 야만스러운 이민족을 문명적으로 동화시키는 일은 있었어도 그 반대의 경우는 존재할 수 없다는 것이다. 즉, 중화가 뒤처진 오랑캐 이민족을 지배하고 감화시키는 것은 있을 수 있어도 덕조가 없는 오랑캐 이민족이 중화를 지배하는 것은 논리적으로 부합하지 않는다.

처음에는 한족 내부에서 지배의 정통성을 덕조나 문명의 수준을 통해서 찾았다. 그렇지만 문화적으로 야만스러운 진(秦)나라가 천하를 통일하고 중화제국을 건설하여 중화세계가 확대되기 시작했다. 시대가 흘러 천하를 둘러싼 쟁탈전은 주변 이민족들과의 싸움이 되어버렸다. 그렇게 되자 한족(漢族)에 의한 중화 지배의 정통성을 설명하는 논리로서 주변의 이민족을 이적(夷狄)으로 멸시하고 이민족에 의한 중화 지배의 정통성을 부정할 수밖에 없게 되었다.

그러나 아무리 높은 수준의 문명을 과시했다고 해도 야만스러운 이민족의 막강한 군사력 앞에서 현실적으로 번뇌했으며 때로는 중화가 지배당했다. 이에 대해 중국을 지배했던 몽골 민족과 만주 민족이 수립한 몽골 왕조나 만주 왕조는 거꾸로 한족이 세운 왕조인 송나라나 명나라가 덕조를 상실했을 때 이를 대신하여 중화의 덕조를 구현하고 추락해가는 중화세계를 구제했다는 논리를 통해 그 지배의 정통성을 강조했다. 말하자면 문명 수준이 높은 한족이 야만적인 이(夷)로 전락하고 몽골 민족이나 만주 민족이 덕조를 상실해가는 중원을 구제한 화(華)로 승격되었던 것이다. 이러한 화(華)와 이(夷) 관계의 역전을 '화이변태(華夷變態)'라고 한다.

실제로 문명적·문화적 측면에서 하등 부류로 구별되었을 뿐인 만주 민족의 청 왕조는 중화문명의 재흥에 전력을 다해 과거 한족이 세운 왕조들 이상으로 중화문명을 빛냈다. 이는 위대한 중화문명을 형성하고 이를 유지해왔다고 호언장담하던 한족에게 심각한 굴욕이었다. 이 대목에서 한족은 화이(華夷)의 구별을 민족적 구별로 재정의하고, 한족 재흥의 비원을 실현하고자 했다. 이러한 맥락에서 만주 민족이 세운 청 왕조를 반대하고 과거 한족이 수립한 명 왕조를 부활시키자는 '반청복명(反淸復明)'을 슬로건으로 내건, 이민족 지배에 대한 타도를 통한 한족 재흥을 목적으로 하는 광복혁명사상과 혁명운동이 등장하게 된다.

이때 만주 민족의 야만성을 강조하고 한족과의 차별을 강조하는 것이 한족에 의한 민족혁명의 중심 주제가 될 수밖에 없었다. 즉, 만주 민족을 배척하는 '배만(排滿)' 혁명을 지향하여 한족 정신을 진작시킬 필요가 있으며 이 과정에서 한족의 맺힌 한(恨)과 응어리를 풀어주어야 한다는 '복수주의'가 전면에 부각되었다.

왜 '복수'인가? 17세기 청 왕조가 천하를 통일하는 과정에서 이에 저항하던 한족은 각지에서 수없이 학살되었다. 만주 민족이 오랑캐 이민족이 될 수밖에 없는 이유를 이러한 만행으로서의 학살행위에서 찾았고, 이에 따라 한족의 만주 민족에 대한 민족적 차원의 복수심이 광복혁명을 정당화시키는 행동원리로서 형성되었던 것이다. 과거 만주 민족이 만리장성을 넘어 중원을 침입했고 이에 저항하는 한족을 수많이 학살하고 찬란했던 중화를 약탈했다. 이번에는 한족이 만주 민족을 살육하여 중화를 다시 되찾아 그 한을 씻는다. 따라서 야만적인 이민족인 만주 민족을 중화의 땅으로부터 쫓아냄으로써 한족에 의한 중화 지배를 회복하는 것이 '화이지변'의 주된 내용이었다.

이처럼 '화이지변'의 논리가 강조된 것은 실제로는 이민족에 의해 중화가 지배되고 있던 시기였다. 한족의 지도 아래 중화문명이 유지되고 한족이 주변의 이민족인 이적의 세계를 지배하는 것은 아무런 문제가 되지 않는다. 왜냐하면 '하(夏)나라의 높은 문명과 덕조를 통해 이(夷)를 교화시킨다'는 것은 정상적인 일이기 때문이다. 또한 야만적인 이민족이 머리를 조아리고 중화에 귀순한다면 기쁜 마음으로 이적 세계에 중화의 높은 문명을 전수함으로써 중화 지배의 권위를 확보할 수도 있다.

만리장성은 야만적인 이민족들의 침입을 방지하기 위해 세워진 물리적으로 거대한 방어시설이었지만 군사적인 효과는 실제로 그리 크지 않았다. 오히려 만리장성을 통해 화(華)의 세계와 이(夷)의 세계가 명확하게 분리되는 거대한 상징물로서 기능했다. 만주 민족의 본거지인 동북지방으로부터 만주 민족의 군대가 만리장성을 넘어 중화세계의 중원으로 진입한 것을 '입관(入關)'이라고 부른다. 즉, 관외의 그곳과 관내의 이곳은 완전히 다른 사회였던 것이다.

3. '대일통'의 역사

한편 중국에는 이질적인 부류를 배제하는 '화이지변'과 상반되는 것처럼 보이는, 이질적인 부류를 포괄하는 '대일통(大一

統)'이라는 통치체제의 전통이 면면히 유지되어 황제를 중심으로 한 전제적인 통치체제 속의 중화제국을 유지시켜왔다.

『춘추(春秋)』에 따르면, '대일통'이란 '일통을 크게 한다'는 뜻이다. 양쑹화(楊松華)의 『대일통 제도와 중국의 흥망성쇠(大一統制度與中國興衰)』에 의하면, "대일통의 국가정권은 한 명의 황제, 하나의 정부가 중국 판도 내의 민족을 통일하는 행정관리체계"로 정의된다. 이것은 진시황제가 천하를 통일한 시기부터 시작된 중화제국의 통치원리이다. 진시황제가 천하를 통일한 기원전 221년부터 왕조체제가 마지막으로 붕괴하는 1911년까지 2,132년간 실재적으로 지속되어온 기본적인 통치제도이며, 앞에서 언급한 것처럼 현재의 중국도 다양한 이민족을 '대일통'의 논리 속에 포괄하고 있어 이 전통은 계속 유지되고 있다.

'대일통'이란 무엇보다 주(周) 왕조 천자(天子)의 아래에 천하의 제후들을 하나로 통합시키기 위한 개념이었지만, 이후 전국을 통치하는 것을 지칭하는 의미가 되었다. 다시 말해, 주나라 시대 각지에 할거하던 제후 세력들을 주나라 왕실 아래 하나로 통일시키고자 한 중화세계의 통치이념으로서 제기된 '대일통'의 논리가 이후에는 야만스러운 이민족의 세계까지 포괄하는 대중화(大中華) 권역의 통치원리로 확대된 것이다. 진관타오(金觀濤)의 『역사 표상의 배후: 중국 봉건사회 안정구조에 대한 탐색(在歷史的表象背後: 對中國封建社會超穩定結構的探索)』에 따르면, 이러한 '대일통'의 논리가 중국사회를 대단히 안정적으로 유지시킨 하나의 시스템으로 기능했다고 한다.

또한 중국에는 천하의 근간 아래 생활하는 모든 사람들이 형제와 같이 사이좋게 지내야 한다는 '사해 안은 모두 형제다(四海之內, 皆兄弟也)'라든가 '천하일가(天下一家)'와 같이 천하를 하나의 집안으로 생각하는 '대동(大同)'의 이상적인 이미지가 작동하고 있다.

그렇다면 천하란 어디까지를 일컫는가? 천하란 이념적으로는 중화문명의 위광(威光)이 비추는 범위를 말하지만 현실적으로는 황제의 위광이 비추는 범위를 말한다. 개념적으로 보았을 때 천하는 중화제국을 말할 뿐이며 실제로도 그것에 가깝다. 이렇게 볼 때 중화제국의 판도는 왕조의 흥쇠에 따라 변하게 되는 것이기 때문에, 천하라는 것은 때에 따라서는 한족만의 세계를 지칭할 수도 있고, 때에 따라서는 한족이 이민족을 정복하여 귀순시킨다면 이적(夷狄)도 '대일통'의 대상이 될 수 있다.

몽골제국은 중화제국의 기존 판도를 비약적으로 확대시키면서 원 왕조를 중국에 수립했다. 티베트까지도 '귀순'시키거나 혹은 '지배'하여 원나라의 조공국가로서 천하에 편입시켰다. 그 이후 명나라와 청나라가 지속되었는데 이 두 왕조도 대외적으로 팽창정책을 전개하여 그 위광(威光)이 만리장성 밖에 이르러 만주와 몽골 지역을 복속시키고 서역의 신장으로 영토를 확장시키고 티베트도 제국의 판도에 편입시켰다. 이와 같이 대제국을 건설했던 것이다.

위에서 '판도'라는 용어를 사용했는데, 과연 이것이 근대적인 국민국가 개념인 '영토'와 같은 것인가의 여부에 대해서 논하기는 대단히 어렵다. '복합적 통치원리로서의 화이질서'를 정리한 하마시타 다케시(浜下武志)의 『조공 시스템과 근대 아시아(朝貢システムと近代アジア)』에 따르면, 중화의 판도는 중층적이고 중화의 외연구조는 다음과 같이 구분되는데, ①부터 ⑤까지의 영역이 중화의 외측에 존재하며 동심원의 형태로 확산되어간다.

① 소수민족의 지도자를 토사(土司), 토관(土官)이라는 지방관으로 임명하여 간접통치
② 이번원(理藩院)에 의해 관할되는 몽골의 예로 대표되는 번부(藩部)의 이민족 통치
③ 친밀한 관계로서의 조공에 의한 통치
④ 가장 외부의 상호적 관계의 색채가 짙은 호시국(互市國)
⑤ 그리고 그 외측에 중화의 교화가 미치지 않는 영역, 즉 '화외의

지역(化外之地)'

종주국과 조공국의 관계는 ③까지의 영역에 해당하지만 명나라 혹은 청나라가 보유했던 중화제국의 판도는 ②의 '번부'에 의한 통치 영역까지를 그 범위로 하는 것이 합리적일 것이다(이에 대해서는 앞 면지의 지도를 참조하기 바란다). 물론 이것이 근대 국민국가 개념의 영토인가에 대해서는 이론의 여지가 있다.

청나라 시기 번부에 대한 팽창정책에 관해서 바이서우이(白壽彝)가 편집하여 출간한 『중국략사(中國略史)』의 기술을 예로 들어 설명하면 아래와 같다.

> 청나라는 한족 거주 지역에 대한 지배가 안정되자 계속하여 변경의 소수민족 지역에 대한 지배를 강화했다. 서북 지역에 거주하고 있던 몽골족은 명나라 시기부터 청나라 시기에 이르기까지 크게 남부 사막지대의 몽골, 북부 사막지대의 칼카(Khalkha) 몽골, 서부 사막지대의 오이라트(Oirat) 몽골의 3대 부족으로 나뉘어 있었다. …… 1690년 강희제는 대군을 이끌고 정벌하여 울란 부단(Ulaan Budan)의 전투에서 세력을 확장한 오이라트 몽골의 준가얼부 수령인 갈단(Choros Erdeniin Galdan, 1644~1697)의 군대를 분쇄했다. 1696년과 1697년 강희제는 두 차례에 걸친 친정(親

征)을 거듭했고 군사적으로 열세에 처한 갈단은 끝내 자살했다.

1717년 갈단의 조카 체왕 랍탄(Tsewang Rabtan)은 준가얼의 군대를 이끌고 티베트에 진입하여 라싸를 공략했다. 청나라 군대는 1720년 티베트로 원정을 하여 체왕 랍탄을 축출하고 달라이 라마 6세(달라이 라마 7세의 오기)의 티베트에 대한 지배를 도왔다. 1727년 청나라 조정은 티베트의 두 곳에 파견 관리를 보내 상주시킴으로써 청나라 중앙정부의 티베트에 대한 지배를 강화했다.

천산(天山) 남북 지역에 거주하고 있던 위구르족에 대해서는 …… 건륭제는 1758년 서쪽 지역의 정벌을 위한 군대를 파견했고, 1759년 천산 남로를 평정했으며, 카슈가르 등의 지역에 참찬(參贊) 대신, 영대(領隊) 대신, 판사(辦事) 대신을 각각 파견하여 상주시키고 이리(伊犁) 장군에 예속시켰다. 白壽彝 編, 『中國略史』.

이러한 변강지역에 대한 중화세계의 확대는 확실히 무력침공을 통한 것이었지만 군사력에 의해서만 강력한 통치를 유지했던 것은 아니다. 하마시타 다케시는 『조공 시스템과 근대 아시아』에서 "청나라 조정은 번부에 대한 왕권의 지배를 유지했을 뿐이며 번부 내부의 행정은 세습 수장이나 라마가 행하면서 형식적으로 청나라 정부의 감독을 받는 형태를 취했다"라고 밝히고 있다. 말하자면 중화제국은 반항적인 주변의 이민족 영토를 강권적으로 탄압하고 군대를 파견하여 상주시키는 억압적인 제도를 시행한 것만은 아니었던 것이다. 따라서 천하를 통일한 중국 황제의 시각에서 볼 때, 이민족은 중화세계에 '귀순'한 것이며 황제의 위엄과 영광 속에 중화의 '판도'에 편입되었다고 여겨진 것이다.

청나라 조정은 이민족이 세운 왕조이지만 몰락한 한족을 대신하여 중화세계의 지배를 하늘로부터 위임받았다. 따라서 주변의 모든 민족들도 중화의 지배자가 된 만주의 황제에게 기쁜 마음으로 '귀순'했다는 것이다. 이러한 인식을 토대로 이민족 왕조는 '대일통'에 따른 지배의 정통성을 견지했다. 즉, 청 왕조 지배에 대해서 '화이지변'은 받아들여지지 않았던 것이다.

또한 히라노 사토시(平野聰)의 『청 제국과 티베트 문제(淸帝國とチベット問題)』에 따르면, 청나라 옹정제(雍正帝)는 '화이지변'을 부정하고 천하는 한 가족이며, 모든 만물은 하나에서 기원한다는 '대일통'의 논리를 강조했다고 한다.

> 쩡징(曾靜)의 『지신록(知新錄)』에는 천하일가, 만물일원(天下一家, 萬物一源)이라고 말하면서 한편으로는 중화세계 외부의 모든 지역은 모두 이적(夷狄)이며, 중앙을 의미하는 중토(中土)에 인접한 곳은 사람으로서의 기질을 갖고 있지만 이로부터 떨어진

곳은 금수와 같다고 했다. 천하일가, 만물일원이라고 하면서 어떻게 중화이적(中華夷狄)이란 구분이 존재할 수 있는가? …… 중화와 이적은 서로 다른 두 개의 천지에 있다는 것을 말하고 있는 것인가? 『大義覺迷錄』, 번역은 『청 제국과 티베트 문제』에서 인용.

한족이든 만주족이든, 티베트족이든 몽골족이든 '천하일가'의 '대일통' 세계에서 사이좋게 공존한다면 황제가 한족인가, 만주족인가는 문제되지 않는다.

그런데 여기에는 하나의 속임수가 숨겨져 있다. 한족이 수립한 왕조가 다양한 이적 민족을 지배하든지, 이적 민족이 세운 왕조가 한족 및 다른 이적 민족을 지배하든지, '대일통'의 개념에 따르면 덕을 갖춘 왕권이 천하를 통일한 '왕도 통치'라는 것이다. 따라서 이는 결코 지배를 받는 타 민족을 탄압하는 패자(覇者)에 의한 '패도 통치'가 아니라는 것이다.

그러나 지배를 받고 있는 측에서 보았을 때, 지배받고 있는 것이 자기정체성의 상실이라고 한다면 그 지배는 실제적인 의미에서 '패도 통치'에 다름 아닌 것이다. 오랑캐로 폄하되는 이민족이 세운 왕조의 타도를 목표로 하는 한족(漢族)이 '광복혁명'이라는 기치 아래 정통성을 주장할 수 있다고 한다면, 마찬가지로 한족이 세운 왕조에 지배받고 있는 이민족들도 한족의 지배에 대한 '광복혁명'을 주장할 수 있다. 동시에 만주족에 지배받고 있는 몽골족, 티베트족, 위구르족도 만주의 왕조로부터 독립을 추구하는 '광복혁명'을 주장할 수 있다. 이렇게 되면 물론 '대일통' 체계는 붕괴를 맞이하게 된다.

그렇지만 '화이지변'과 '대일통'의 논리가 상호 모순되지 않는 경우도 있다. '화이지변'의 논리에 따르면, 한족은 덕을 갖추고 있는 문명적으로 훌륭한 민족이기 때문에 한족이 이민족을 지배하는 것은 '왕도 통치'이다. 반대로 덕을 갖추지 못한 오랑캐 이민족이 천하를 통일하게 될 경우 이는 '패도 통치'로 간주된다. 따라서 한족이 주도하는 '대일통'의 지배만이 '화이지변'과 상호 모순되지 않는 것이다. 이때 한족의 지배를 '패도 통치'라고 하여 지배받고 있는 오랑캐 이민족들이 이에 반항하는 것은 정상적인 '화이질서'의 논리에 따르면 결코 있을 수 없는 소란으로 간주된다. 물론 이것은 '화이지변'을 강조하는 한족에게만 통하는 중화제국의 논리이다.

19세기 말부터 20세기에 걸쳐 터키, 러시아, 독일 등의 제국에 의한 지배로부터 독립을 달성하고자 하는 주권을 상실한 식민지 국가들의 근대 민족주의 사조가 중국에 전파됨에 따라, '화이지변'을 주장하는 근대 지식인들 중에 청나라의 지배로부터 한족의 '광복'뿐만 아니라 한족에 의한 지배로부터 소수민

중화제국의 개념: '대일통'

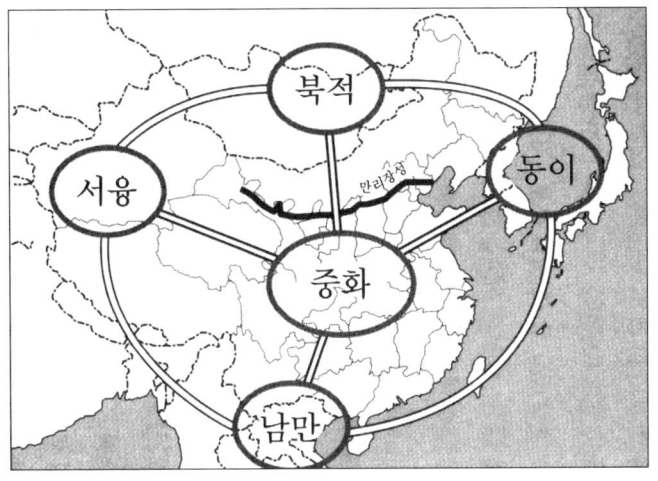

한족 민족주의: '화이지변'

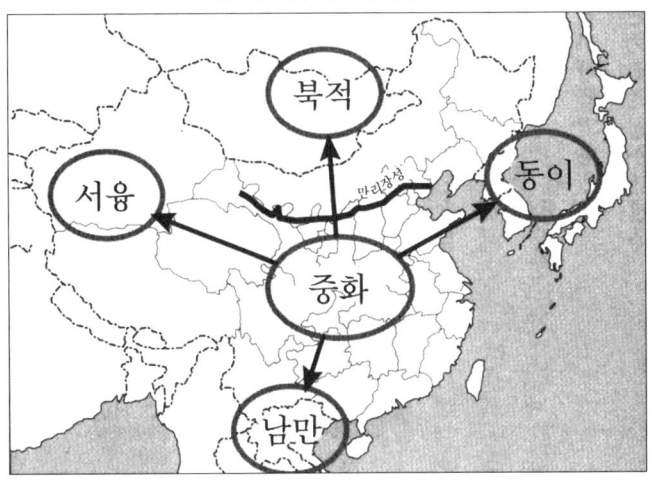

제1장 화이지변과 대일통: 배외와 융화의 중화사상

족의 '광복'을 용인하는 논리도 생겨나지 않을 수 없게 되었다.

다만 중화가 오랑캐 이민족을 배제하는 경우와 달리 중화가 오랑캐 이민족을 통일하여 지배하는 경우에 '왕도에 의한 지배'라는 발상은 있어도, 서구의 국가처럼 제국주의적인 식민 지배, 즉 군사적 침략과 노골적인 착취와 수탈을 동반하는 경제적 지배로 중화가 오랑캐 이민족을 '패도에 의한 지배'를 통해 잔혹하게 통일한다는 발상은 결코 존재하지 않았다. 이는 오랑캐 소수민족이 모두 흩어져서 자신의 독립 국가를 세우고 유지할 수 있는 능력이 없다는 것을 깨닫게 된다면 중화제국의 아래에 포함되고 중화의 도움 아래에서 스스로의 안정을 도모하는 것이 득책이라는 사고가 지배적이었기 때문이다. 다시 말해서 이민족이 기쁜 마음으로 한족이 이끄는 중화제국의 지배를 받는 '공순(恭順)'과 '귀순(歸順)'의 논리를 통해 '대일통'의 지배를 합리화시킬 수 있는 것이다.

이상을 정리하면 앞의 두 가지 개념도를 그려볼 수 있다.

제2장

혁명파와 변법파

청나라 말기 '두 가지' 중화사상의 투쟁

혁명이란 갑작스럽게 발생하는 것이 아니다. 그것이 일어나기 전의 역사적 과정으로서 고난의 길을 걸어온 혁명운동이 존재한다. 1911년 신해혁명의 시작을 알린 10월 10일의 무창(武昌) 봉기는 홀연히 발발하여 그 결과 혁명봉기가 중국 전역으로 삽시간에 확대된 것처럼 보인다. 그렇지만 물론 신해혁명에서도 그 앞의 역사적 단계로서 고난스러운 혁명운동과 그것을 지지하며 방향을 설정해온 혁명사상이 존재했다.

'혁명'이라고 하면 곧 영국 혁명이나 프랑스 혁명 등의 서구적인 혁명을 이미지화하지만 중국어로 표현되는 '혁명'은 이것들과는 다른 의미를 지니고 있다. 이것은 무엇보다 전통적인 '천명(天命)을 바꾼다'는 것을 의미하며 서구에서 혁명이 일어

캉유웨이

나기 이전부터 엄중한 왕조 교체를 지칭하여 사용되어온 용어이다. 이미 지적되어온 바와 같이 신해혁명은 중국적인 '혁명'과 서구적인 '혁명'의 두 가지 성격을 내포하고 있다. 따라서 신해혁명으로 귀결되는 과정에서 진행된 수많은 혁명운동 속에도 다양한 당파 혹은 정치집단, 관료그룹이 존재했으며 그룹 간에 다양한 혁명강령, 혁명이념, 그리고 변혁 프로그램을 갖고 있었다.

따라서 혁명운동을 주도했던 사람들이 모두 일치된 의견을 견지했던 것은 결코 아니었다. 중국 혁명운동의 역사에서 가장 먼저 청 왕조 내부의 쇄신을 선구적으로 제창하여 입헌군주체제 수립을 위한 개혁을 지향했던 캉유웨이(康有爲)나 량치차오(梁啓超) 등의 무술유신(戊戌維新)과 같은 변법운동으로 상징되는 체제 내 개량파, 청 왕조를 타도하고 한족(漢族)에 의한 정권을 세우고자 했던 광복민족 혁명파, 그리고 오랜 기간 지속되어 온 황제를 정점으로 하는 전제적인 왕조체제 그 자체에 종지부를 찍고 새로운 시대에 적합한 공화체제를 실현하고자 노력했던 공화민주 혁명파까지 다양한 포부를 품고 있던 사람들이 정치적 주도권을 잡기 위해 경쟁했던 것이다.

그러나 이러한 다양한 혁명운동 중에서 가장 공통적으로 나타나는 혁명의 원동력은 바로 '이민족 왕조인 만주족의 지배를 타도하고 한족의 영광을 재현하자'라는 광복혁명으로 귀결되는 한족의 민족적 비원이었다.

이러한 결과, 신해혁명의 성공에 이르기까지의 혁명운동은 청 왕조 타도를 목표로 하는 광복혁명의 성격을 강하게 띠면서 전개되었다. 혁명운동 전개의 핵심적인 역할을 주도했던 홍중회(興中會), 광복회(光復會), 화흥회(華興會) 등의 혁명결사 조직의 혁명이론은 강렬하고 노골적인 만주족 축출, 즉 배만(排滿) 사상으로 구성되었다. '화이지변'에 의한 만주족 축출 혹은 만주족 타도 자체가 자신의 목숨을 버리면서까지 혁명에 매진해야 될 가치가 있는 것으로 여겨진 혁명사상의 중심이념이었다. 오랑캐 이민족 지배자를 말살하는 것은 한족의 위대함을 휘황찬란하게 회복시키는 정의로움 그 자체로 간주되었으며, 이윽고 청 왕조 고위 관리들에 대한 테러가 계획되었다.

청 왕조 타도를 위한 혁명봉기는 중국어로 '기의(起義)'라고 표현된다. 이는 '화이지변'에 입각하여 '기의, 즉 정의로운 투쟁을 일으킨다'는 의미를 갖는다.

1. 왜 '달로(韃虜)'인가?

혁명운동의 축적을 통해 신해혁명이 성공을 거두고 청 왕조가 멸망에 이르는 수십 년간의 '혼란기'는 혁명사관의 관점에서 볼 때 '영광의 혁명시기'로 간주되고 있는데, 우선 당시 혁명운동 가운데 제기되었던 주요 주장에 대해 정리해보겠다.

신해혁명 운동이 일어난 구체적인 시발점을 명확하게 규명하는 것은 어려운 일이다. 그 가운데 하나의 확실한 계기는 1895년 청일전쟁 과정에서 귀결된 청나라의 패배이다. 오랑캐 동이(東夷)의 신흥국가 일본에 의해 중화제국인 청나라가 패배한 굴욕은 한족(漢族) 민족주의의 형성에 큰 불을 지폈으며 이에 대한 분노의 감정은 응집력을 상실한 만주족 왕조를 향했다. 또 하나의 중요한 계기는 1900년경 의화단 운동의 패배로 8개국 연합군에 의한 중국 베이징에 대한 군사적 침입과 러시아군에 의한 동삼성(東三省, 오늘날의 만주) 지역의 점령이다. '거아운동(拒俄運動)'〔아(俄)는 러시아의 약칭〕으로 일컬어지는 러시아에 대한 배척운동 과정 중에 이를 위해 조직된 군사조직이 이윽고 만주 왕조에 대한 배척투쟁을 향해 힘을 규합하게 되었고 이후 본격적인 혁명봉기로 발전하게 된다.

이와 같은 맥락에서, 굴욕적인 '시모노세키(下關) 강화조약'

으로부터 16년, 그리고 '베이징 의정서(신축조약)'로부터 10년이 지나 최종적으로 신해혁명에 이르는 기간인 청나라 말기에 논의되었던 혁명파가 주장한 민족 개념에 대해 좀 더 구체적으로 논의해보겠다.

당시는 '배만(排滿) 사상'의 전성기이기도 했다. 우선 이 혁명운동의 핵심 지도자로 활약했던 쑨원(孫文, 일명 孫逸仙, 孫中山)은 1894년 미국 하와이의 호놀룰루에서 결성된 혁명결사 흥중회(興中會)의 혁명강령을 공표한다. 여기에는 청 왕조 타도를 위한 혁명운동이 지향한 내용과 목표가 명시되어 있다.

> 달로(韃虜)의 축출, 중국의 부흥, 합중국 정부의 창립. 「檀香山興中會盟書」, 1894년.

이것은 후에 '사강(四綱)'으로 일컬어지는 '달로의 축출, 중화의 회복, 민국의 건립, 토지에 대한 평등한 권리'의 원형이며, 또한 이후 유명한 '삼민주의(三民主義)', 즉 '민족주의, 민권주의, 민생주의'로 새롭게 명칭이 변경되었다.

여기에서 문제가 되는 것은 쑨원이 청 왕조 타도의 슬로건을 '달로의 축출, 중화의 회복(驅除韃虜, 恢復中華)'이라는 여덟 문자로 집약한 부분이다. '청(淸)'을 바로 만주족을 비하하는 의미를 담고 있는 '달로'라는 자극적이며 멸시적인 호칭으로 표현했다. 그럼 '청 왕조의 타도' 혹은 '만주 민족 지배의 타도'라고 표현하지 않고 왜 이와 같이 '달로'라는 멸칭을 사용했는가?

명 왕조가 붕괴하고 청 왕조가 등장한 이래 명 왕조의 재흥을 추구해온 천지회(天地會) 같은 민간 비밀결사 조직들이 계속 존속해왔다. 이러한 조직들은 주로 회당(會黨)으로 불린 운수업에 종사하는 노동자 등 하층민 사회의 상호부조 조직체로서 전국적인 네트워크를 형성하며 활동을 했다. 이것은 분명히 이민족인 만주족에 의해 세워진 왕조의 지배에 항거하는 한족(漢族) 민족주의의 성격을 농후하게 갖고 형성된 결사체였는데, 그들의 정치적 요구를 담은 슬로건은 청 왕조를 타도하고 명 왕조를 부흥시킨다는 '반청복명(反淸復明)'의 네 글자로 집약되었다.

청 왕조 타도를 의미하는 '반청(反淸)'이 아닌 이른바 '달로의 축출(驅除韃虜)'이라는 표현을 선택한 것은 말할 필요도 없이 중화세계를 오랑캐 이민족인 만주족이 지배하고 있는 것이 중화의 정통성으로부터 일탈한 것임을 강조하고 한족에 의한 지배의 정통성을 회복해야 한다는 점을 더욱 명료하게 보여주기 위한 것이다. 간단하게 만주족을 북방의 야만족이라고 부르짖으면서 이를 타도하기 위한 한족 민족주의의 형성과 투쟁심을 선동하는 것이었다. '달로(韃虜)'가 중화세계를 지배하는 부당성은 다음과 같이 여러 가지였다.

① '화이지변'의 논리에 근거하여 오랑캐 이민족의 중화 지배가 이단이라는 점
② 만주족의 군대가 중국에 침입해왔을 때 저항하는 한족을 대량 학살한 과거의 역사가 존재한다는 것. 따라서 청 왕조 타도는 그 자체로 한족에 의한 민족적 복수를 의미함
③ 만주족은 유목민의 금수적인 체질을 갖춘 야만족이며, 그 야만적인 관습을 농경민족인 한족에게 강제한 사실
④ 청나라 조정의 고급관직을 만주 귀족이 독점하고 한족은 배척된 사실. '화이지변'의 논리로 보자면 오랑캐 이민족에 둘러싸여 관직을 얻은 한족은 '한간(漢奸)'으로서 동일하게 경멸을 받게 됨

쑨원 등이 의도적으로 '달로'라는 멸칭을 사용하여 만주 민족 지배의 타도를 호소한 것은 주변의 이민족을 오랑캐 족속으로 경멸해왔던 한족의 전통적 의식을 각성시켜 한족으로서의 자각을 불러일으키기 위한 것이기도 했다. '달로'라는 단어에는 적에 대한 원한이 들어가 있는 것과 동시에, '달로'에 지배되어 패기가 사라진 한족에 대해 경종을 울리고자 한 의도도 있었다.

2. '화이지변'을 강조한 혁명파

다음으로 청 왕조 지배에 대해 이의를 제기한 다양한 주장을 살펴보겠다. 우선, '화이지변'을 명확하게 내세운 청말 혁명가의 주장부터 살펴보자. 장빙린(章炳麟 혹은 章太炎)은 혁명파 최대의 이데올로그로서 신해혁명 시기에 종족혁명론을 완성시킨 인물이다. 장빙린은 다음과 같이 말했다.

> 만주의 종족은 동호(東胡)이며 서양에서는 퉁구스족이라고 불리는 것으로서 흉노와는 다른 종족이다. 만약 흉노라고 해도 이들은 중국으로부터 철수하여 오랫동안 불모의 땅에 거주하여 언어·정교(政教)·음식·거주가 우리 영내와는 매우 달라졌다. 어쨌든 동종이라고 말할 수는 없다. …… 오늘날은 명확하게 민족주의의 시대이며, 만한(滿漢)을 혼합하여 향기로운 풀과 구취가 나는 풀을 섞어야 하는 것은 아니다. …… 조악한 종을 솎아 내면 우량한 종이 번성하게 되며, 패역의 무리를 제거하면 선량한 무리가 배양된다. 우리들이 대빗자루로 낡은 집의 더러운 때를 제거하는 이외에 우리 중국의 자체적인 보전을 얻을 수 있는 방법은 없는 것이다.
> 「駁康有爲論革命書」, 1903년, 번역은 『淸末民國初政治評論集』에 따름.

내가 생각하는 혁명은 이 혁명(전통적인 역성혁명)이 아니라 '광복'이다. 중국 종족의 광복, 중국 주군(州郡)의 광복, 중국 정권의 광복이다. 이 광복이라는 실질에 대해서 혁명이라는 명칭을 부여한 것이다. 「革命之道德」, 1906년, 번역은 상동.

장빙린

왕조 교체는 전통적으로 '혁명'이지만 청 왕조 타도는 이적 지배를 구축하여 중국(한족)의 지배를 회복하는 '광복'이라는 것을 강조하고 있다. "만한을 혼합하여 향기로운 풀과 구취 나는 풀을 섞어서는 안 된다"라고 하는 것처럼 만주 민족(구취 나는 풀)과 한족(향기로운 풀)을 준별하여 '이민족을 축출하기' 위한 '광복'을 호소하는 장빙린의 기본적인 입장은 확실히 '화이지변'의 논리에 입각해 있다. 이에 따라 '대일통'적인 '대동'론을 비판한다.

'대동'의 오류를 경계하고, 종족의 기원을 명확하게 하여 몽골을 구별한다. 「支那亡國二百四十二年紀念會啓」, 1902년, 번역은 『原典中

제2장 혁명파와 변법파: 청나라 말기 '두 가지' 중화사상의 투쟁 *57*

國近代思想史』 제3책에 따름.

여기에서 언급된 '몽골'은 만주 민족을 지칭한다. 이러한 '대동'에 대한 비판은 직접적으로는 캉유웨이 등 변법파의 '만한(滿漢) 협력체제'에 대한 비판을 의미하지만 그 근원에는 '대동'을 근간으로 하여 전체가 융합한다는 '대일통' 사상에 대한 부정이 자리 잡고 있다.

'대일통'을 부정한다면 한족만의 국가를 건설할 수밖에 없다. 장빙린은 혁명 이후의 새로운 국명을 처음 '중화민국'으로 제안한 것으로 유명하지만 중화민국의 경계로부터 티베트, 몽골, 회부(回部, 이슬람교를 신봉하는 신장지역)를 떼어놓았다.

> 중국은 한의 군현을 경계로 하여 그 민족을 화민(華民)이라고 부른다. …… 현재 중화민국은 한의 옛 강토(舊疆, 군현 외측의 변경)를 회복할 수 없다고 염려하고 있지만 중요한 것은 명나라 시대의 직할의 성(의 영역)을 기본으로 하는 것이다. 「中華民國解」, 1907년.

오랑캐 이민족인 티베트, 몽골, 회부는 무엇보다 황제가 지배하는 중앙집권적 군현제도에서는 그 범주에 들어가지 않고 중화가 아니라는 것이다. 오랑캐 이민족의 땅을 포기하여 명나라 시대의 직할성이었던 한족이 거주하는 지역만으로 중화민국을 건설하자는 논리였다. 말하자면 '단일민족국가'의 건설이다. 다만 흥미로운 것은 한반도와 베트남에는 한(漢) 왕조 시기에 군(郡)이 설치되었기 때문에 이를 수복해야 한다는 주장이다.

그렇다면 '중화민국'으로부터 떨어져 나간 오랑캐 이민족은 어떻게 처리해야 하는가? 장빙린에 의하면, 이를 억지로 무리하게 통합시킬 필요는 없고 다양한 판단을 통해 국가를 건설하면 된다고 한다.

> 예를 들면 신장 부족장들의 만주에 대한 한이 골수에 사무쳐 있고, 한인에 대해 원한을 퍼부으며 자신들이 분리하여 돌궐 위구르의 족적을 회복하고자 강하게 희망한다고 해도 역시 마음을 억누르고 그들에게 맡겨야 할 것이다. 한족의 만주에 대한 관계를 보면 회족의 한족에 대한 관계도 알 수 있다. 어쩔 수 없다면 돈황 서쪽의 토지를 전부 회족에게 주어 러시아인의 오른쪽 팔을 자르고 싶다. 회족과 신성동맹을 맺어도 좋다. 『社會通詮·商兌』, 1907년, 번역은 『章炳麟集』에 따름.

장빙린은 만주 민족의 지배로부터 한족이 '광복'하는 것처럼 한족에 의해 억압받고 있는 소수민족이 있다면 당연히 한족으로부터의 '광복'을 주장할 수 있다고 한다. 그의 논리에 입각해 보면 이는 당연한 귀결이다. 무엇보다 영국에 의해 지배당하는 인도의 독립, 일본에 의해 지배당하는 조선의 독립 등 아시아의 해방을 주장하며 백인의 지배로부터 흑인과 인디언의 해방을 함께 강조했다.

중국에서는 이미 고대에 한족이 묘족(苗族)을 추방하여 중화의 땅을 지배했다고 전해지고 있다. 묘족은 한족에 의해 소수민족이 되었다는 전설이다.

> 만약 묘족 사람들이 자신의 역사서를 갖고 확실하게 의심 없이 과거의 사실을 기록하여 그것에 입각해 복수를 하기 위한 군대를 동원한다면 나는 어떻게 그 최전방의 창끝에 맞설 수 있겠는가?
> 「復仇是非論」, 1907년, 번역은 상동.

역사적 사실이 실제적으로 증명될 수 있다면 한족의 지배로부터 독립하고자 했던 묘족의 독립투쟁도 긍정적으로 평가될 수 있다는 것이다.

쑨원과 함께 중국동맹회의 결성에 노력을 다하면서 서구 열강의 침략에 대항하는 반제국주의의 입장을 선명하게 하여 '혁명당의 대문호'라고 차오야보(曹亞伯)에 의해 높게 평가받았던 천톈화(陳天華)도 국내문제에서는 기본적으로 '화이지변'의 논리에 입각한 인식을 했다.

천톈화

당시(맹자의 시대)는 중화와 오랑캐 사이의 종족의 혼합을 엄금하여 오랑캐족이 중국을 침략하면 이를 엄격하게 거부했다. ……
'짐승과 같은 오랑캐족(戎狄豹狼)과는 친하게 지내서는 안 된다', '우리 종족이 아닌 이들은 그 (겉모습뿐만 아니라) 속마음도 다르다'라는 말들은 모두 보배로운 가훈이며 전국에서 신봉되고 있다.

「獅子吼」, 1904/1905년.

비록 평가가 나뉘고 있지만 류스페이(劉師培)는 혁명파의 대표적인 논객이었으며 전형적인 '양이론자(攘夷論者)'였다. 그는 초기 무정부주의자로도 유명하다. 후에 혁명을 배반하여 변절자로 비난받지만 장빙린과 마찬가지로 중국의 경학(經學)에 정통했으며 전통적인 '화이지변'을 강조하여 그러한 입장에서 청 왕조의 타도를 제창했다.

류스페이

중국이란 나라의 근본은 어디에 있는가? 바로 화이(華夷)의 두 글자에 있다. 위로는 삼대(三代)로부터 현대에 이르기까지 화이의 두 글자는 민심에 각인되어 있다. '예(裔)는 하(夏)를 도모할 수 없고, 이(夷)는 화(華)에 난을 초래할 수 없다'는 것은 공자의 말씀이고, '우리 부류가 아닌 것은 그 마음부터 다르다'는 것은 계문자(季文子)의 말씀이며, '융적(戎狄)은 승냥이이며, 따라서는 안 된다'는 것은 관중(管仲)의 말씀이다. 따라서 안으로는 하(夏), 바깥으로는 이(夷)라는 것이 중국입국의 기본이다. 한유(漢儒)의 말씀은 이런 의미이다.「兩漢種族學發微論」, 1905년.

류스페이는 무정부주의를 강조하게 되자 만주 민족에 의한 지배를 비판하는 종족혁명보다도 권력 그 자체를 비판하는 입장으로 변했다. 그러나 초기에는 양이론에 입각한 강렬한 '종족혁명론자'이기도 했다.

위에서 살펴본 논문에서 그는 '화이지변'의 논리는 당연히 고대 중국에 탄생했던 중화 중심의 '중국 건국의 기본'이었지만 그것을 진부한 고대적 개념으로서 소개하는 것이 아니라 현대에도 이어지는 불변의 기본개념으로 결론짓고 있다.

그러나 여기에 커다란 문제가 내재되어 있다. 어떤 정치적 목표를 실현하고자 하는 정치전략에 의거하여 적절한 전략개념을 과거의 고대나 전통으로부터 도입하는 것은 중국인이 갖고 있는 장점이다. 여기에서의 정치목표는 청 왕조 타도이기 때문에 그 정치전략의 도구로서 가장 적절한 '화이지변'을 부동의 이념으로서 재구성하면서 한족의 자존심을 자극하는 정치적 의도가 없었다고 말할 수 없다.

즉, 한족 중심의 중화제국을 유지할 때에는 굳이 '화이지변'을 호소할 필요가 없다. 한족이 오랑캐 이민족을 지배할 경우에는 오히려 '대일통'이 유효하게 작동한다. 반면 오랑캐 이민족이 지배하는 대제국을 해체시킬 때에는 '화이지변'의 논리가 효과적으로 작동된다. 그렇다면 오랑캐 이민족이 지배해온 제국을 해체시킨 이후 한족으로만 구성되는 민족국가를 수립할 것인가 아니면 한족 지배하에 포괄적인 형태의 중화제국을 구축할 것인가 하는 선택의 기로에 서게 될 때 '화이지변'의 논리는 어떤 운명을 맞이하게 될 것인가? 이와 같은 큰 문제가 부각되는데, 이에 대해서는 후술하겠다.

마지막으로 청년 시기 천두시우(陳獨秀)의 민족국가건설론을

천두시우

소개한다. 10년 후에는 유교 타도를 목표로 한 '신문화 운동'을 내세웠던 천두시우답게 전통적이며 고전적인 '화이지변'의 논리를 더 이상 강조하지 않고 있다. 그는 일민족, 일국가의 수립을 제창하면서 '대일통'적 개념에 기반을 둔 다민족국가의 수립도 부정했다.

한 국가의 인민은 반드시 동일 종족으로 동일한 역사, 동일한 풍속, 동일한 언어를 갖는 민족이어야만 한다. 수많은 민족이 하나의 국가 속에 있어서는 안정될 도리가 없다. …… 무엇보다 민족이 같지 않기 때문에 다른 국가를 건설하는 것이다. 민족주의를 말하지 않는 것은 '사해대동, 천하일가'이기 때문이다. 이와 같은데 어찌 국경을 나누고 국가를 세울 필요가 있겠는가? 「脫國家」, 1904년.

3. 오랑캐 이민족의 야만성을 규탄한 최고의 지식인

왜 오랑캐 이민족에 의한 중화세계의 지배는 좋지 않은 것인가? '화이지변'을 주장하는 이들의 관점에서 말하자면 그 이유는 오랑캐 이민족이 중화의 문화를 지탱해낼 수 있을 정도의 질적인 우수성을 민족적으로 구비하고 있지 못하기 때문이다. 이를 근거로 만주 민족의 야만성을 차례로 규탄하는 것을 통해 청 왕조 지배에 대한 부당성을 호소한 것이다. 이 때문에 구체적으로 오랑캐 이민족의 우매함을 입증하지 못하면 이러한 주장은 정통성을 상실하게 된다.

무엇보다 선동적으로 만주 민족의 야만성을 비판했던 글은 젊은 나이에 요절한 혁명가 쩌우룽(鄒容)이 집필했고 불멸의 명저로 일컬어지는 「혁명군(革命軍)」이다. 이 글에는 이제까지 차별적인 용어라는 이유로 사용이 금지되었던 이민족을 멸시하는 단어들이 사용되고 있다. 그가 18세에 집필했다고 하니 경악할 만하지만 당시 혁명을 선전하기 위한 팸플릿으로서는 최대의 베스트셀러 가운데 하나였다. 이것만으로도 당시 사람들의 감정을 매우 선동적으로 자극하기에 충분했기 때문이었을 것이다.

쩌우룽

이리 새끼의 흉폭한 마음을 갖고 있는 유목의 비천한 종족, 도적 만주인 ……. 우리 동포가 오늘날 조정, 정부, 황제라고 부르고 있는 것은 우리들이 옛날, 이, 만, 융, 적, 흉노, 달단이라고 불렀던 것이며, 그 부락은 산해관 바깥에 있으며 본래 우리 황제(黃帝)의 신성한 자손과는 이질적인 종족이다. 그 땅은 오염된 토양, 그 사람은 양의 냄새가 나는 종족, 그 마음은 짐승의 마음, 그 풍속은 모피의 풍속, 그 문자는 우리들과 다르며, 그 언어는 우리들과 다르며, 그 의복은 우리들과 다르다. …… 중국에 거주하는 만주인을 쫓아내거나 혹은 죽여서 복수하자.「革命軍」, 1903년, 번역은 『原典中國近代思想史』 제3책에 따름.

만주 민족이 '이질적인 종족'이라고 해도, 그렇기 때문에 만리장성(산해관)의 외측이 '오염된 토양'이며 만주 민족 등 '이, 만, 융, 적, 흉노, 달단'이 '이리 새끼의 흉폭한 마음', '짐승의 마음'을 갖고 있는 '양의 냄새가 나는 종족'이라고 하는 것에 대한 과학적인 논증은 그 어디에도 찾아볼 수 없다. 그러나 이러한 주장은 민중의 마음을 단번에 사로잡았으며 이 글이 당시

베스트셀러가 된 것에 대해서는 구체적인 설명이 불필요하다.

또한 앞에서도 언급한 혁명파의 명문장가 천톈화(陳天華)는 다음과 같이 말했다.

> 우리 시조 황제(黃帝)는 오천 년 전 서북에서 흥성하여 묘족을 대파하고 중국을 통일했다. 현재 외족(外族)에 의해 정복되었지만 그 인구는 4억여 명으로서 세계 인구의 1/4을 점하고 있다. 만주에는 퉁구스족이 있으며, 이들은 과거 금 왕조를 세운 종족으로 인구는 500만 명이다. 몽골에는 몽골족이 있으며 인구는 200만 명, 신장에는 회족이 있으며 인구는 125만 명, 티베트에는 토번족이 있으며 인구는 150만 명, 묘족, 야오족(瑤族)은 과거 중국의 원주민으로서 그 수는 한때 한족(漢族)보다 많았지만 지금은 산속 깊은 곳에 머물고 있을 뿐이며 인구수는 미미한 수준에 불과하게 되었다. 만주, 몽골, 티베트, 신장의 사람들은 이전에는 모두 한족과 평화롭게 상호공존하기도 했지만 일각도 우유부단하게 대처할 수 없었다. 이들은 모두 야만적이며 호랑이나 늑대처럼 흉폭하고 예의를 알지 못한다. 중국은 그들을 개나 양과 같은 짐승으로 호칭했고 그들로부터 많은 피해를 입었다. 그런데 만주로부터 중국으로 침입해 들어온 만주족이 주인이 되자 중외일가(中外一家)를 주장하면서 과거에 이러한 부류를 개나 양이라고 불렀던 사람

들도 지금은 모두 개나 양에게 머리를 조아리는 노예의 신세로 전락해버렸다. 「猛回頭」, 1903년.

여기에서 주목할 부분은 '대일통'을 의미하는 '중외일가(中外一家)'를 통렬하게 비판하고 있다는 점이다. 앞에서 살펴본 장빙린도 만주 민족을 강력하게 비판한다. 이와 동시에 천톈화와 마찬가지로 그것에 영합하는 중국인의 비열함에 대해서도 도덕적으로 규탄하고 있다. 오랑캐족의 주구(走狗)가 되어 권력을 잡는 것에 급급한 한족(漢族)의 양심을 되묻고 있는 것이다.

만주는 비천한 족속(賤族)이고, 그들에 대한 백성의 경멸은 골수에 사무쳐 있으며, 그들을 이방인(外人)으로 보는 것은 구미(歐美)에 대한 시각과 다르지 않다. 「客帝匡謬」, 1900년, 번역은 『原典中國近代思想史』 제3책에 따름.

해악을 끼치는 무성한 잡초와 같은 개나 양의 무리들이 우리 땅에 머물게 되면서 슬픔에 가득한 우리 한족(漢族)은 노예 생활에 적응해버려 오랑캐족의 채찍질을 당하면서도 오랑캐족의 정권에 참여하고자 하고 있는데, 애송이에 불과한 오랑캐족을 제압하는 것도 못하면서 막강한 백인(白人)의 공격을 방어하고자 하니 이 어찌 부끄럽지 않은 일이라고 할 수 있겠는가? 「支那亡國二百四十二年紀念會啓」.

또한 중국에 서구적인 의회제도의 도입을 희망하고 있던 합리주의자 쑹쟈오런(宋敎仁)도 기본적으로 이와 동일한 민족주의관을 지니고 있었다는 것을 아래를 통해 알 수 있다.

쑹쟈오런

> 만주인은 유목민족 고유의 야만성을 토대로 광폭하고 맹렬한 무력을 내세워 전승(戰勝)을 거두어 개나 양이 횡폭해지고 돼지나 뱀이 이빨을 가는 것처럼 우리 민족에게 고통을 주고 국력은 약체화되었으며 결국 국가가 무너져버렸다. 이로써 우리 문명의 민족과 찬란했던 영광의 역사는 참담하게 암흑 속으로 추락해버렸고, 햇볕을 더 이상 볼 수 없게 되었다. 「漢族侵略史·敍例」, 1905년.

수많은 혁명파 인사들과 교류하며 혁명파 그룹의 형성에 크게 공헌했던 장스자오(章士釗)에 따르면, 중국을 침략한 서양인을 '귀자(鬼子, 귀신)'라는 표현으로 경멸했던 것처럼, 만주족을

'달자(韃子, 타타르 오랑캐)'라는 호칭으로 불러 경멸감을 나타냈다고 한다.

> 만주인을 만나게 되면 이들을 '달자(韃子)'라고 칭하는 것은 서양인을 보고 '귀자(鬼子)'라고 부르는 것과 같은 것이다. 이것은 만주에 대한 복수의 의미가 있는데, 이는 보통의 사람들이라면 모두 아는 상식이다. 「讀『革命軍』」, 1903년.

여기에서 등장하는 만주족에 붙여진 멸칭은 호랑이, 늑대, 개, 양, 돼지, 뱀, 비천한 종족, 야만인, 달자(韃子) 등이다. 한족(漢族)은 높은 수준의 문명인인 데 비해 오랑캐족은 미개한 야만인이라는 정형화된 논의들이 대단히 많다는 것에 주목할 필요가 있다. 이러한 것들이 많을 뿐만 아니라 그것을 강조한 사람들이 당대 중국의 최고 지식인들이었다는 것은 '화이지변'의 역사적 근원이 뿌리 깊다는 것을 여실히 보여주고 있다.

다만 유목민족이면서 양처럼 비천한 종족이라는 표현을 좀 더 구체적으로 살펴보면, 여기에는 농경민족의 유목민족에 대한 뿌리 깊은 위화감과 경계심이 혼재되어 멸시적 태도로 발전했다는 것도 알 수 있다. 그러나 '북적', '서융'은 기본적으로 유목민족이지만 '동이', '남만'은 중국과 같은 농경민족이다.

그렇다면 같은 오랑캐족이라고 해도 유목민족과 농경민족에 대한 시선은 과연 다른 것이었는가? 그런데 농경민족인 일본군이 중국을 침략했을 때 마찬가지로 중국인들은 일본군을 '동양귀(東洋鬼)', '귀자(鬼子)', '소일본(小日本)'이라고 멸시적인 호칭으로 불렀던 것은 잘 알려져 있다.

후한민

이와 같이 중화(中華)와 이적(夷狄)의 사이에는 '민족우열에 따른 차별주의'라고 부를 수 있는 초월할 수 없는 구별 및 차별이 존재했다. 쑨원의 최측근이었던 후한민(胡漢民)은 청 왕조 정권타도의 정당성에 대해서 다음과 같이 논했다.

> 우수하고 미려한 우리 다수파 민족이 비천하고 악독한 소수파 민족에 의해 억압받고 있다. 그들은 우리들에게 동화되지 않고 있는 반면 우리들이 그들에게 동화되도록 강요하고 있는데, 이는 이치에 맞지 않는 어불성설이다. 「民報之六大主義」, 1906년.

우수하고 유능한 한족이 비천하고 야만스러운 오랑캐 이민족인 만주족을 지배하고 이들을 한족에 동화시키는 것은 '이치에 맞는 것'이지만 그 반대의 경우는 '이치에 맞지 않는 것'이라고 언급하고 있는 부분에서 뚜렷한 차별주의 관점을 살펴볼 수 있다.

4. 구세(九世)의 원한을 갚는 것

이와 같이 야만스러운 만주족의 지배로 인한 도덕적 추락의 대표적인 예로서 상징적으로 제시되는 것이 만주족이 만리장성을 넘어 입관(入關)했을 때에 일어났던 대량 학살이다. 우리들 한족은 260년에 걸쳐 면면히 자행된 학살의 원한을 잊지 않고 자손에게 전했다. 따라서 청 왕조 타도는 단순히 정치적 민주화 및 한족의 민족적 복권뿐만 아니라 200년 넘게 자행되었던 만주족의 한족에 대한 학살의 보복인 것이다. 이러한 측면에서, 신해혁명 운동은 원한의 수준에서 대단히 특수한 면모를 지니고 있다.

중국에는 '구세의 복수(九世之讐)'라는 단어가 있다. 통상 조상을 구세(九世)까지 일컫는 데서 나온 말이지만 선조가 입었던 피해와 모욕을 잊지 않고 반드시 보복해야 한다는 것으로 복수는 백세(百世)에 걸쳐서도 정당화될 수 있다는 중국식 사고를 잘 보여준다.

쑨원도 만주족에 의한 학살을 강조했다. 혁명의 필요성을 단순한 역사발전론이나 근대화론으로 설명하는 것이 아니라 감정에 호소한 것인데 대단히 중국적인 부분이다. 서양인을 대상으로 이와 관련하여 다음과 같이 논하고 있다.

> 만주정부는 중국정부가 아니라는 점을 강조하고 싶다. 오늘날 중국인은 자신의 정부를 갖고 있지 않다. 따라서 '중국정부'라는 명칭이 현재 중국의 정부를 지칭하는 것이라면 이는 잘못된 명칭이다. …… 만주인은 중국인과 접촉하기 이전에 아무르 강 유역의 광야에 있던 유목민 부락을 전전하며 표류했다. 그들은 평화적으로 거주하고 있던 변경의 중국인 거주지를 공공연하게 침범하고 약탈했다. 명나라 말기 중국에서 커다란 내전(civil war)이 발생하자 천재일우의 좋은 기회를 얻어 마치 야만 족속이 로마제국을 침략했던 것처럼 돌연히 내습하여 베이징을 지배했다. 이는 1644년에 일어난 일이다. 중국인은 외국에 의해 지배받는 것을 불길하게 생각하고 강력하게 저항했다. 복종을 요구하는 야만스러운 만주인들은 수백만 명의 사람들을 잔혹하게 학살했다. 학살 대상은 전투원뿐만 아니라 비전투원, 청년, 노인, 여성 및 어린이들까지 포

함되어 있었으며 거주지를 불태우고 약탈했고, 살아남은 이들에게 만주인의 복장을 하도록 강제했다. 통계자료에 따르면, 수만 명이 변발을 거부했다는 이유로 살육되었다. "The True Solution of the Chinese Question", 1904년.

이와 같이 만주족에 의해 한족이 살육당한 것에 대해서 쑨원은 청 왕조 타도의 혁명운동이 민족적 복수를 위한 것이라고는 직접적으로 언급하지 않았다. 한편 쩌우룽(鄒容)은 '구세(九世)의 복수'를 과감히 내세워 만주 민족의 추방을 정당화한다.

> 구세(九世)의 복수라는 의를 내걸고, 10년 혈전의 각오를 하여 내 칼을 들고, 내 깃발을 세워 각자가 구사일생의 기백을 갖고 우리들을 능욕하고 압제하고 학살하고 간음했던 비천한 만주인을 쫓아내어 우리 문명의 조국을 회복하고 우리 천부의 권리를 회수하고 우리 생래의 자유를 만회하고 한 사람 한 사람의 평등의 행복을 되찾는 것이다. 「革命軍」.

누구보다 과격한 이는 쉬시린(徐錫麟)이었다. 쉬시린은 1907년 안휘 순무 언밍(恩銘)을 암살한 죄로 처형된 열사이다. 그가 보여준 것은 '배만'이 아닌 '멸만'이었다.

만주인이 우리 한족을 학살한 지 300년이 지나고 있다. …… 중지를 모으고 시류에 따라 봉기한다면 만주인을 모두 척결할 수 있다. 그렇게 되면 저절로 한인이 융성하게 된다. 「排滿宗旨」, 1907년.

쉬시린

장빙린(章炳麟)은 스스로 '복수는 옳은 것인가 그릇된 것인가'라고 물으면서 이는 옳은 것이라고 단정적으로 회답한다. 당시 '구세의 복수'는 시대에 늦은 복수주의라며 일각에서 비난받고 있던 흐름에 대해 답을 내린 것이다.

종족혁명은 복수를 지향한다. …… 불평등을 평평하게 하여 평등하게 하는 것, 이것이 복수의 의미이다. …… 힘 있는 자가 일찍이 인권을 유린했기 때문에 오늘날 회복하고자 한다면 반드시 권력자의 손으로부터 (권력을) 탈취하는 수밖에 없고 또한 자신에게 해를 가하는 자에게는 그 가슴에 탄환을 박는 것이 당연한 것이다. 이것이 복수가 아니겠는가? 「復仇是非論」.

민족의 권리를 유린한 권력자에 대해서는 피억압자의 권리로서 복수하는 것이 가능하다는 것이다. 평등의 달성을 위한 반역을 정당화하는 주장은 서구에서의 '혁명권'의 정당성에 대한 주장을 방불케 한다.

장지

무정부주의자인 장지(張繼)는 구체적인 만주 민족의 만행으로 유명한 양저우(揚洲) 학살, 자딩(嘉定) 학살을 잊을 수 없다고 말한다. 1645년 청나라 군대는 중국 전토를 평정하는 과정에서 강남의 양저우를 포위하여 10일간 약 80만 명을 학살했다고 한다. 또한 마찬가지의 학살이 상하이(上海) 교외에 위치한 자딩에서도 광범위하게 자행되었다. 이러한 수난을 통해 입은 깊은 상처는 「양저우십일기(揚洲十日記)」, 「자딩도성기략(嘉定屠城紀略)」 등에 기록되어 남아 있으며 그것을 읽은 청 왕조 말기의 지사들은 눈물을 흘리면서 복수를 맹세했다.

만주인이란 무엇인가? 중국은 중국인의 중국이다. 260년 전 황하의 강변, 양쯔 강의 강안(江岸)에는 황제의 자손이 거주하고 있었을 뿐이다. 여기에 만주 유목민의 흔적은 없었다. …… 만주가 중원을 훔쳐 북은 유연(幽燕, 화북지방의 허베이와 랴오닝)으로부터 남은 전오(滇奧, 화남지방의 윈난과 광둥)까지 그 학살, 불태워 토벌하는 것, 약탈의 모습은 원나라 시대보다도 더욱 격렬하다. 양저우 10일, 자딩 만가(萬家)뿐만이 아니라 다른 주, 현에서도 동일하게 학살되었다. 「讀『嚴拿留學生密論』有慎」, 1903년.

말하자면 민족적 원한을 숙적인 만주 민족의 조정에 대해 계속 퍼붓고, '구세의 복수'에 의한 복수를 호소하고 있다. 이것은 근대적인 민족주의라기보다는 전통적인 복수원리지만 그것을 민족, 종족의 수준으로 확대하여 '광복'을 '복수'로 치환함으로써 더욱 친근한 논리로 만든 것으로 보인다.

5. 중국인과 중화의 의미

이제까지의 주장을 보자면 일관하여 한족은 중화, 만주족은 오랑캐 이민족이라고 준별되어 이른바 '화이지변'의 틀에 입각해 논리가 전개되고 있다는 것을 알 수 있다. 그렇다면 오랑캐 이민족과 구별되는 한족으로서의 중국인, 중국 혹은 중화란 무엇인가? 쑨원에게 한인(漢人)은 그리고 중국이라는 것은 무엇인가? 쑨원은 이에 대해 확실히 정의내리고 있다.

> 우리 한인(漢人)은 헌원(황제)의 자손이다. 「中國同盟會革命方略(軍政府宣言)」, 1905년.

당시에는 '중국인의 중국', '중국인은 황제(黃帝)의 자손'을 강조한 논조가 압도적으로 많았다. '중국은 황제의 자손인 중국인의 국가'라는 것이다. 여기에는 황제의 자손이 아닌 모든 오랑캐 이민족을 중국으로부터 배제시키고자 하는 정치적 목적이 있었다. 천톈화(陳天華)는 중국이 '한인(漢人) 국가'라는 것을 수차례에 걸쳐 강조했다.

> (중국의) 국가는 한인의 국가이며, 만주는 우연히 한인을 대신하여 대리한 것에 불과하다. 「警世鐘」, 1903년.

> 본회(강중회, 强中會)의 회원은 중국이란 한인의 중국이라는 것을 알아야만 한다. 회의 규칙에서 언급된 국가란 4억 한인으로 구성된 공동체를 지칭하며 현재의 만주정부가 아니다. 그 차이를 세밀하게 구분해야만 한다. 「獅子吼」.

혁명파 가운데에서 활약했던 문화인인 류야즈(柳亞子)도 '중국인의 중국'을 다음과 같이 주장했다.

현재의 중국은 민족주의에 의거한 중국인가? 민족주의가 아니다. 민족을 확실히 구별하지 않으면 안 된다. 중국은 중국인의 중국이라는 것을 깨닫지 않으면 안 된다. 결코 만이융적(蠻夷戎狄)의 중국이 아니다.
「民族主義! 民族主義!」, 1907년.

류야즈

광복회(光復會)의 중진이었던 타오청장(陶成章)도 마찬가지로 더욱 이해하기 쉽게 다음과 같이 설명하고 있다.

중국이란 중국인의 중국이다. 중국인이란 누구인 것인가? 한인이다. 중국의 역사란 한인의 역사이다. …… 중국의 역사란 한인이 통치한 역사이다. …… 중국민족(중국민족은 하나의 명칭으로 한족이라고 하며, 중화인이라고 자칭한다. 또한 중국이라고도 말한다)과 티베트족, 묘족, 만주족, 몽골족, 선비족, 돌궐족 등과는 다른 민족이다. 「中國民族權力消長史·敍例」, 1904년.

타오청장

중국민족, 한족, 중화인, 중국인, 한인이라는 다양한 표현을 취하고 있지만 모두 같은 내용으로서 '티베트족, 묘족, 만주족, 몽골족, 선비족, 돌궐족' 등의 오랑캐 이민족들과 한족이 서로 명확하게 구별되는 다른 민족이라는 점을 거듭 강조하고 있다.

당시 중국인들 사이에 청나라 황제의 연호를 거부하며 한족의 시조로 추앙받고 있는 황제(黃帝)를 조상으로 함께 제사지내며 모시는 것을 통해 한족의 민족 정체성을 고양시키고자 하는 광범위한 움직임이 있었다. 그 당시 일본에서는 신무천황(神武天皇) 이래 유구한 역사를 과시하기 위해서 황기(皇紀)가 채택되었는데, 중국 혁명파의 대다수가 일본에서 유학을 한 영향도 있어서 한족의 민족적 상징으로 황제(黃帝)가 내세워진 것이다. 쑹쟈오런(宋敎仁)도 황제가 즉위한 연도를 한족의 기원으로 삼는 것에 다음과 같이 찬성했다.

> 중국은 한족의 중국이다. …… 황제(黃帝)가 즉위한 연도를 기원으로 삼는 것은 한족 개국의 일대 기념비적인 일이다. 「漢族侵略

史·敍例」, 1904년.

류스페이(劉師培) 역시 이와 같은 생각이었다.

> 한족의 생존을 희망한다면 조속히 황제(黃帝)를 숭배해야만 한다. 황제는 한족의 황제이다. 이를 기원으로 삼는 것은 한족의 민족적 감정을 발전시키는 것이 된다. 「黃帝紀年論」, 1903년.

황제가 즉위한 시점에 대해서는 여러 가지 설이 있었고, 기원 연도를 추산하는 방법도 통일되어 있지 않았지만 중국동맹회(中國同盟會)의 기관지 ≪민보(民報)≫는 1905년을 황제 기원 4603년으로 산정했고, 쑨원은 이를 토대로 중화민국 원년을 황기(黃紀) 4609년으로 삼았다. 이렇게 하여 중국, 중화란 황제(黃帝)의 자손인 한족에 의한 중국이라는 것으로 개념이 한정되었다. 물론 이것이 '화이지변'의 논리에 근거한 혁명파의 주장에 불과한 것은 명백한 사실이다.

이것을 전제로 하여 중국이란 어느 지역까지를 지칭하는가 하는 문제가 다음으로 제기되었다. 다민족으로 구성되어 있던 수(隋)나라 제국은 22개의 성과 주변의 번부로 구성되었다. 그 가운데 과연 어디까지가 쑨원이 말하는 중화 혹은 중국인 것인가? 어디까지가 중국인이 거주하는 중국인가? 또한 어디부터가 중국이 아닌가? 쑨원은 이와 관련하여 다음과 같이 매우 흥미로운 발언을 하고 있다.

> 만주인이 산해관을 넘어서 중국에 침입한 이래 이미 260여 년이 된다. 우리 한족 사람들은 아이라고 해도 만주인을 보면 그 차이를 알아낼 수 있으며 만주인을 한인이라고 보는 것은 결코 불가능하다. 이 자체가 민족주의의 근본이다. …… 민족주의란 결코 동족이 아닌 사람을 배척하는 것을 의미하는 것이 아니라 동족이 아닌 사람들이 우리 민족의 정권을 빼앗는 것을 용인하지 않는 것을 말한다. 우리 한인이 정권을 장악하는 것을 통해 국가라고 논할 수 있게 되며 만약 정권이 동족이 아닌 사람들에 의해 장악된다면 그것은 국가라고 해도 우리 한인의 국가는 아닌 것이다. …… 우리들은 이미 망국의 민초가 되었다. …… 우리는 모든 만주인에 대해 한탄하는 것이 아니라 한인을 박해한 만주인을 한탄하는 것이다. 만약 우리가 혁명을 실행할 때 만주인이 우리를 방해하지 않는다면 결코 복수할 방도가 없다. 「在東京 ≪民報≫ 創刊周年慶祝大會演說」, 1906년.

쑨원의 연설에서는 같은 문맥에서 중국, 중화, 혹은 중국인,

한인, 한족이 같은 개념으로서 사용되고 있다. 이것은 중국에서 연설할 때와 일본에서 연설할 때 용어를 나누었을 뿐인 것이다.

쑨원은 대단히 온건한 광복혁명론자였다. 만주족의 지배를 비판하면서도 '구세의 원한에 대한 복수'와 같은 복수나 보복주의를 강조하지 않았다. 중국에 대한 지배를 하고 있는 만주족을 축출하는 것을 제창했을 뿐이다. 쑨원은 만주족을 '모두 살육한다'는 등의 과격한 표현을 사용하지 않았다.

이와 같은 쑨원의 연설을 더욱 주의 깊게 분석해보면 다음과 같은 숨겨진 논리를 살펴볼 수 있다. 한인(漢人)의 국가를 '동족이 아닌 사람'인 만주족이 지배하고 있기 때문에 '한인은 망국의 민초'가 되었다고 한다. 그렇다고 하면 한인의 국가를 한인이 지배한다면 '만주인은 망국의 백성'이 된다. 이 논리를 확대하면 현재는 한인의 국가뿐만 아니라 몽골인이나 티베트인의 국가도 만주인이 지배하고 있기 때문에 '몽골인도 망국의 백성'이며, '티베트인도 망국의 백성'이다. 앞으로 만주인을 대신하여 한인이 청나라와 같이 몽골이나 티베트의 국가를 지배한다면 동일하게 그들은 '망국의 백성'이 되어버린다. '망국의 백성'이 되는 것은 민족적인 비극이기 때문에 만주인도 향후 산해관을 넘어 만리장성 북쪽으로 돌아가서 만주인 스스로의 국가를 다스리면 된다. 몽골인도 몽골의 국가를, 티베트인도 티베트의 국가를 다스리면 모두 '망국의 백성'이 되지 않게 된다.

이러한 논리가 성립되려면 한인의 국가, 만주인의 국가, 몽골인의 국가, 티베트인의 국가가 다양하게 병립하여 존재하는 것을 인정할 필요가 있었다. 그래서 쑨원은 이것을 인정했다. 한인에 의해 수립될 중국인의 국가는 청나라 제국 전체의 영역이 아니라 한족이 거주하는 18개 성(省) 지역에 세워지게 될 따름이라는 것이다.

> 혁명을 실행하지 않으면 달로(韃虜) 청 왕조를 무너뜨려 우리 중화 조국을 광복시키고, 한족의 국가를 수립하는 것도 불가능하다. …… 청제(淸帝)는 이종(異種)이며, 한인과는 대단히 큰 종족적 차이가 있는데, 이러한 비천한 족속을 아버지로 삼는 굴욕을 더 이상 참을 수 없다. 「在舊金山麗蟬戲院的演說」, 1910년.

쑨원은 한인 국가를 건설하기 위해서는 이민족인 달로 청 왕조를 타도해야만 한다고 하면서도 청 왕조를 대신하여 수립될 한인 국가는 당연하지만 '중국인의 중국'으로 한정된 영역이 될 수밖에 없다고 했다. 그렇다면 그것은 어디까지를 말하는가? 쑨원은 이에 대한 답변으로서 옛날부터 한족이 중심적으로 거주하고 있던 18개 성 지역이라고 그 범위를 한정했다.

중국 국토가 통일된 지 이미 수천 년이 흘렀다. 도중에 분열하는 이변이 있었지만 오랫동안 하나가 되었다. 근세 5, 6백 년, 18개 성(省) 지역의 토지는 금으로 만들어진 병처럼 강고하며 분열될 우려가 없다. 「支那保全分割合論」, 1903년.

혁명이 성공한다면 18개 성 지역의 의회가 혁명을 보호하는 방패가 될 것이며, 군정부(軍政府)가 설령 정치적으로 독단을 부린다고 해도 걱정할 바가 없다. 「與汪精衛的談話」, 1905년.

이를 통해서 볼 때, 중국 중앙부에 위치한 18개 성 지역이 바로 쑨원이 한정적으로 언급한 '중국인의 중국'이다. 『만주족 배척주의와 민족주의(排滿與民族主義)』를 집필한 왕춘샤(王春霞)는 동 저서를 통해서 "쑨원은 1900년경 당시 아직 동북, 신장 및 몽골, 티베트, 칭하이(青海) 등 소수민족 구역에 대해서 고려하지 못하고 단지 한족으로 구성된 18개 성 지역만을 고려했다. 쑨원의 마음속에는 '중국'이란 한족으로 구성된 18개 성 지역뿐이었다"라고 지적하고 있다.

왕춘샤는 '만주족 배척주의론자'가 의거한 논리를 전통적인 '하이지변(夏夷之辨)' 관념과 서유럽의 '인종학설' 및 '단일민족국가' 민족주의 이론의 종합체로 보고 있다. '18개 성 국가'란 실제로 한족에 의해 구성되는 '단일민족국가'론인 것이다.

18개 성 지역 이외에는 '중국인의 중국'이 아니라고 한다면 중국인이 볼 때 이는 '동족이 아닌 이민족 사람들'의 땅이며 오랑캐 이민족의 국가인 것이다. 중국인이 '망국의 백성'이 되는 것을 피해야 하는 것과 마찬가지로 오랑캐 이민족 사람들도 '망국의 백성'이 되는 것을 피해야만 한다. 이에 따라서 오랑캐 이민족 각각이 '만주족의 만주', '몽골족의 몽골', '티베트족의 티베트', '회족의 신장'을 각지에 수립하게 된다. 이와 관련하여 신해혁명이 일어난 해에 쑨원은 다음과 같은 매우 흥미로운 발언을 했다.

> 중국은 지리적으로는 22개의 행성(行省)으로 나누어지며 이에 더해서 3대 속지(屬地), 즉 몽골, 티베트, 신장이 존재하여 그 면적은 실제로 유럽보다 크다. 각 성(省)의 기후는 서로 다르며 아울러 백성의 습관이나 성격도 기후에 따라 차이가 있다. 이와 같은 상황이기 때문에 정치적으로 중앙집권은 적절하지 않다. 북아메리카의 연방제도가 더욱 적합하다. 「與巴黎 ≪巴黎日報≫ 記者的談話」, 1911년.

위에서 언급된 대로 18개 성 지역만이 한족에 의한 중국의 영역이라고 하면, 남은 4개 성은 티베트족이 많이 거주하는 칭하이성(青海省)과 만주족의 고향인 헤이룽장성(黑龍江省), 지린성(吉林省), 펑톈성(奉天省)의 동삼성(東三省) 지역으로 이곳은 '중국인의 중국'이 아닌 것이다. 또한 번부에 해당하는 몽골, 티베트, 신장의 3대 속지도 확실히 오랑캐 이민족 땅이다. 18개 성 지역만이 '중국인의 중국'이라면 헤이룽장, 지린, 펑톈은 '만주족의 만주'이며, 또한 몽골은 '몽골족의 몽골', 티베트는 '티베트족의 티베트', 신장은 '회족의 신장'이 된다.

그러나 쑨원도 역시 이 단계에서 오랑캐 이민족의 땅은 승자가 마음대로 해도 된다는 방임주의가 아닌 연방제를 대안으로 내세웠다. 각 민족에 의해 수립된 다양한 국가들을 하나의 중앙집권형 국가를 세워 내포하는 것이 아니라 유연한 연방제를 수립하는 것을 구상했던 것이다. 어떤 형태의 연방제를 세울 것인가에 대해서는 확실하지 않았다. 이러한 구상은 중화민국(中華民國)이 탄생하자 곧 사라지지만 이 당시에 쑨원이 내린 한 가지 결론이었다.

6. '대일통'을 견지한 입헌군주제를 지향한 변법파

서구 열강에 패배하여 고통을 당하고 결국 오랑캐 동이족(東夷族)에 불과했던 약소국 일본에게까지 패전하게 된 청 왕조 조정이 보여준 무기력함에 당시 중국의 사대부 계층에 속하는 수많은 엘리트 지식인들은 당연히 지식인 특유의 위기의식을 갖게 되었다. 당시 중국의 엘리트 지식인들은 중화제국의 말로를 걱정하며 다양한 개혁방안을 모색하면서 제시된 해결방안의 실효성을 둘러싸고 숱한 논쟁을 벌이며 서로 경쟁했다.

'화이지변'의 논리에 입각하여 청 왕조의 타도를 추구했던 혁명파에 대항하여 '대일통'의 견지를 제창한 이들은 청 왕조의 틀 내에서 입헌군주제 개혁을 추진하고자 했던 캉유웨이(康有爲) 등의 입헌주의 변법파였다. 이는 간단하게 말해서, 당시 청나라 광서제(光緖帝)는 중국의 현상을 변혁시키고자 한 개혁적인 명군(明君)이기 때문에 광서제를 중심으로 흠정헌법(欽定憲法)을 제정하고 국회를 소집하여 폭넓게 민의를 수렴함으로써 황제를 중심으로 한 전제체제의 구악(舊惡)을 타파할 수 있다는 입헌군주제를 추구한 개혁 노선이다.

캉유웨이 등이 무엇보다 우려했던 것은 '화이지변'의 논리에 입각하여 청 왕조 타도를 위한 혁명을 일으키게 되면 결국 천하

'대일통'의 중화제국이 순식간에 와해되는 사태가 초래되는 것이었다. 이와 같이 중화제국이 와해된다면 중국을 지배할 기회를 호시탐탐 노리고 있는 서구 열강이 이 틈을 활용하여 중국을 분열시키고 중국을 사실상의 식민지로 만들어버리게 될 수 있다는

광서제

위기감이 있었다. 이 때문에 지금 필요한 것은 혁명이 아니라 중화제국을 큰 혼란 없이 내부로부터 개량하여 근대적인 민주적 입헌군주체제를 확립하는 것이라고 생각했다. 혁명과 개량의 위험성을 비교해볼 때 개량이 더욱 안전하다는 것이다. 물론 이러한 사조는 당시 일본의 천황제(天皇制)하에서의 입헌의회제도를 강하게 의식하여 나타난 것이다.

한족과 만주족의 관계, 즉 화이(華夷)의 관계에 대해서는 1902년 캉유웨이가 화교(華僑)를 향해 답변한 '서간'에서 잘 논의되어 있다. 아래에서 이 서간의 내용을 조금 인용하여 설명해보겠다.

캉유웨이는 '화이지변'의 논리를 배제하고 '대일통'의 중요성을 주장했는데, 크게 ① '화이지변'의 구별은 문화적 차이일

뿐 종족적 차이가 아니며 '대일통' 자체가 중요하다는 것, ②
현실적으로 만주족과 한족은 일체화되고 있다는 것, 그리고 ③
화이(華夷)의 분열은 열강의 침략을 더욱 격화시킬 수 있다는
것을 강조하고 있다.

1) '화이지변'에 대한 해석

혁명파는 '화이지변'의 논리를 종족적으로 구별하는 기준으로 삼아 한족은 중화, 만주족은 오랑캐 이민족으로 결부지어 오랑캐 이민족의 지배를 타도하고자 하는 만주족 배척주의인 '배만(排滿)' 사상을 고취시켰다. 이에 대해 캉유웨이는 '인종을 중심으로 생각하는 것은 안 된다'며 반론을 제기했다.

어쨌든 이(夷)와 화(華)의 구별은 『춘추(春秋)』로부터 기원하는 것이다. 그러나 공자가 『춘추』를 집필한 본래 의도는 중국이라고 해도 오랑캐 이민족의 행위를 자행한다면 그것을 오랑캐 이민족으로 간주하고, 본시 오랑캐 이민족이라고 해도 예의가 있다면 그것을 중국으로 볼 수 있다는 것이었다. …… 공자의 이른바 중국과 이적(夷狄)의 구별이란 현재에 언급되는 이른바 문명과 야만의 구별과 같은 것이다. 따라서 중국과 이적은 고정된 개념이

아니라 상황에 따라 변화되는 것이다. 덕을 갖추었다면 오랑캐 이민족이라고 해도 이를 지칭하여 중국이라고 하고, 또한 무도하다면 설령 중국이라고 해도 이를 지칭하여 이적이라고 한다. 이는 (문화적인) 진화를 중심으로 고려한 것이지 인종을 중심으로 생각한 것이 아니다. 「答南北美洲諸華商論中國只可行立憲不可行革命書」, 번역은 『淸末民國初政治評論集』에 따름.

설령 오랑캐 이민족이라고 해도 문명적으로 진화되면 결국 화(華)와 이(夷)의 구별은 사라지며 '대일통'의 틀에서 대제국을 견지할 수 있다는 것이다. 만주족이 세운 청 왕조는 이미 중화 문명을 계승하여 이를 눈부시게 발전시키고 있기 때문에 오랑캐 이민족이 아니라 중화의 일원인 것이다.

2) 한족과 만주족의 일체화

'화이지변'의 논리가 현실에 적합하지 않은 것은 이미 만주족과 한족이 '일체화'되고 있는 현실에서 볼 때 확실한 것이다.

> 만주족과 한족은 무엇보다 가르침을 동일하게 하고 있다. ······ 한인이 결국 정권의 자리에 앉게 된다. 동치(同治) 연간 이후 총독

순무(總督巡撫)는 거의 대부분 한인이 임명되었으며 만한(滿漢) 사이에는 실로 사소한 차이도 없다. 건국 이래 200여 년 통합되어 일체가 되었으며 국토는 확장되어 만리까지 미쳤다. …… 이른바 만한(滿漢)이라는 것은 본적이나 기류의 차이에 불과하다. 교화(敎化)와 문의(文義)는 모두 주공(周公)과 공자(孔子)에 따르며 예악전장(禮樂典章)은 모두 한, 당, 송, 명나라의 것을 사용하고 있으며, 중국의 교화, 문자를 사용하지 않았던 원나라 시대와는 매우 다른 것이다. 생각해보면 하나로 동화된 국가가 되어 진실로 사소한 차이도 없는 상태가 된 지도 오래인 것이다. 「答南北美洲諸華商論中國只可行立憲不可行革命書」.

그렇다면 양저우(揚洲) 학살 등 만주족이 과거에 범했던 야만적인 죄악을 어떻게 보아야 하는가? 옛날의 전쟁이 그와 같다는 것은 명확하다. 이에 대해 보복을 하는 것은 현대의 관점에서 통용될 수 없는 시대착오적인 것임을 강조하고 있다.

옛날의 재난인 십 일간의 양저우 학살에 대한 기록이나 명나라 말기 두 왕들이 겪어야 했던 험난한 유랑의 일을 거론하며 구세의 원한에 복수를 해야 한다는 논의가 있는데 이것은 아직 문명적으로 발전되지 않았던 과거에 전쟁의 상태에서 일어난 것이다. 「答

南北美洲諸華商論中國只可行立憲不可行革命書」.

3) 구미(歐美) 열강의 미끼

신해혁명 운동은 서구 열강의 중국에 대한 침략이라는 국가 위기 속에서 진행되었다. 따라서 당시 구미 열강이라는 적대국들 앞에서 내부적으로 단결하여 외적에 맞서야만 한다는 위기의식이 존재했다. '화이지변'의 논리에 입각하여 심각한 내분을 일삼게 되면 결과적으로 구미 열강에게 어부지리를 제공하게 되어 천하의 와해를 초래할 수도 있다는 심각한 두려움이 존재했다.

혁명을 주장하는 자들은 입만 열면 반드시 만주를 공격하자고 하는데 이것은 대단히 이해하기 어려운 것이다. 어쨌든 몽골, 신장, 티베트, 동삼성(東三省) 지역을 개척하여 대중국의 판도를 확립해 200년간 일체가 되어 상호 간에 평온하게 지내고 있는 터에 (청나라) 조정에 대해 함부로 생트집을 잡아 프랑스나 미국의 예를 들면서 내분을 일으키고, 오랑캐 이민족이라며 만주족을 물리쳐야 한다는 종족을 차별적으로 구별하려는 논의를 일으켜 큰 화를 자초하려 한다.「答南北美洲諸華商論中國只可行立憲不可行革命書」.

여기서 언급되고 있는 '큰 화'란 두 말할 필요도 없이 일본을 포함한 구미 열강의 중국에 대한 침략을 용이하게 만들 수 있다는 화근을 말한다.

> 열강이 호시탐탐 경쟁하고 있는, 현재 통일되어 있어도 위험하기 짝이 없는 상황인데 만약 우리 동포가 살육을 당하고 수백 년 후에 있을 안정을 담보로 내정을 진흥시키고자 한다면 두루미와 조개가 서로 싸우다 길을 지나가던 어부가 이익을 취하게 되는 것처럼 필시 외국인에 의해 점령당하게 될 것임에 틀림없다. …… 만약 지금 자립을 하게 된다면 반드시 각 성(省)이 서로 싸우게 될 것이다. 설령 서로 싸우지 않는다고 해도 18개 성이 18개 국가로 틀림없이 분열될 것이다. …… 만약 18개 국가로 분열된다면 국세(國勢)는 이집트나 조선 정도의 모양으로 변모되어버릴 것이다. 결국 강대국에게 지배되어 노예의 신세가 될 뿐인 것이다. 「答南北美洲諸華商論中國只可行立憲不可行革命書」.

따라서 캉유웨이가 내린 결론은 '대일통'을 견지하는 것이다. 중화제국을 해체할 우려가 있는 혁명이 아닌 중화제국을 단결시키는 '만한불분, 군민동체(滿漢不分, 君民同體)'를 근본적인 방안으로 삼았다.

나의 부족한 견해에 따르면, 대중국을 아끼고 일통(一統)을 아끼는 것 자체가 필요한 것이다.「答南北美洲諸華商論中國只可行立憲不可行革命書」.

캉유웨이는 공양학(公羊學)의 삼세설(三世說)인 '장삼세(張三世)'에서 거론되는 '거난세(據亂世), 승평세(升平世), 태평세(太平世)'를 대동론과 접목하면서 세계는 난세(亂世) → 소강(小康) → 대동(大同)의 방향으로 발전한다는 진화론적 입장을 피력했다. 난세에 출현하는 종족이나 인종의 투쟁은 결국 소강의 단계에 진입하게 되면 싸움이 사라지게 되며 최종적으로 대동단결하여 대동의 세상이 된다고 하는 발상이다. 이에 근거하여 사해 안은 모두 형제라는 '사해개형제(四海皆兄弟)'의 이상향을 계속 진실한 마음으로 묘사했다. '화이지변'의 논리로부터 배태된 증오와 대결의 구도는 대동의 근간을 통해 해소되어야 했다. 이뿐만 아니라 백인, 흑인, 황색 인종 간의 인종적 대립도 결국 해결될 것으로 보았다.

태평의 이치와 대동의 도리에 입각하여 논하자면 황색, 백색, 갈색, 흑색 인종은 피부색에 관계없이 모두 하늘로부터 생명을 받아 출생한 것으로 형제이기 때문에 서로 친하게 지내야 한다.「答

南北美洲諸華商論中國只可行立憲不可行革命書」.

캉유웨이는 '태평의 세상', 즉 대동의 시기에 접어들게 되면 화이(華夷) 사이의 구분은 사라지게 될 것으로 전망했다.

> 거난(據亂)의 시대에는 노(魯)나라와 진(晋)나라 등의 국가를 안쪽으로 하고 중화세계의 제하(諸夏)를 외부로 하며, 승평(升平)의 시대에는 제하(諸夏)를 내측으로 하고 오랑캐 이민족을 외부로 하는 것으로, 태평의 시대가 되면 내부도 외부도, 큰 것도 작은 것도 모두 구분이 사라지게 되는 것이다. 따라서 '왕의 사랑은 사이(四夷) 지역까지 미친다'라고 말하는 것이며, '왕에게는 바깥이 없다'라고 하거나 '먼 곳에 있는 이(夷)는 내부로 삼고 외부로 여기지 않는다'라고 하는 것이다.「答南北美洲諸華商論中國只可行立憲不可行革命書」.

캉유웨이의 제자인 량치차오(梁啓超)는 저명한 저널리스트로서 당시 막강한 영향력을 발휘했던 인물이었는데, 그의 사상은 시간의 흐름에 따라 미묘하게 변화하여 곧 그의 은사인 캉유웨이와 결별을 고하게 된다. 무술유신(戊戌維新) 당시의 량치차오는 캉유웨이의 '삼세설'에 대한 이해에서 같은 입장이었다. 그러나 일본에 망명한 이후 그는 대동 (大同) 사상으로부터 멀어지게 된다.

량치차오

우리 중국인이 애국적인 성질이 없는 것은 아니다. 다만 애국이 무엇인지를 알고 있지 못할 뿐이다. 그것은 국가가 무엇인지를 알지 못하기 때문이다. 중국은 자고이래 일통(一統)이었다. 중국의 주변에는 작은 규모의 오랑캐 이민족인 만이(蠻夷)가 존재했는데, 그들은 문물도 없고, 정치 체제도 갖추지 못해 국가로서 제대로 된 형체를 이루지 못했다. 우리 중국인은 그들을 우리와 평등한 국가로서 여기지 않았다. 따라서 우리나라는 수천 년 동안 결국 독립적으로 존재해왔으며 우리 민족은 중화세계의 중심부인 '구주(九州)'를 의미하는 우역(禹域)으로 우리의 영역을 칭했고, 천하는 언급해도 국가를 논하지 않았다. 오랫동안 국가 존재 자체를 의식하지 않아왔는데, 무엇을 어떻게 사랑하면 좋단 말인가? 「愛國論」, 1899년.

이와 같은 반성론에 입각하여 량치차오는 민족국가의 형성을 주장했다. 민족국가를 사랑하는 입장에서 한 걸음 더 나아가 것이다. 「論中國與歐洲國體異同」, 1899년.

량치차오는 이러한 전통적인 현실을 토대로 하여 다음과 같은 '대민족주의'를 제안한다.

> 우리 중국의 민족에게는 소민족주의(小民族主義) 이외에 대민족주의(大民族主義)를 제창하고자 한다. …… 대민족주의란 무엇인가? 중국 국내 중심부의 여러 민족들을 단합시켜 해외의 여러 민족들에 대해 대응하는 것이다. …… 한(漢)을 합치고, 만(滿)을 합치고, 몽골을 합치고, 회(回)를 합치고, 묘(苗)를 합치고, 티베트를 합쳐서 더욱 큰 하나의 대민족(大民族)으로 조직하여 지구 전체 인구의 1/3에 달하는 규모의 인류를 다섯 대륙 위에 비약시킨다. 「政治學大家伯倫知理之學說」, 1903년.

여기서 말하는 대민족주의란 결국 '대일통'의 다른 표현으로서, 이민족들의 분립과 독자적 국가수립을 지향하는 민족국가론에 반대의사를 표명한 것이 아닌가? '대일통'과 '민족국가' 사이의 모순점에 대해 량치차오는 다음과 같이 설명한다.

> 다수의 민족을 하나의 국가로 단합하는 것에는 폐단이 많지만

또한 유익한 점도 많다. 세계의 문명은 다양한 민족 간에 상호 교류하고 습득하고 상호 영향을 주면서 진화했다. 한 국가의 정치도 종종 다민족의 영양분을 보급하여 더욱 잘 되는 것이다. 「政治學大家伯倫知理之學說」, 1903년.

하지만 량치차오의 심중에는 엄청난 갈등이 있었다. 민족 감정의 차원에서는 한족(漢族)의 처참한 비극에 눈물을 흘리지 않을 수 없었지만 이성적으로 만주족 등 이민족과 좋은 관계를 맺어야 할 필요성이 있었기 때문에 그것은 한편으로 고통스러운 것이었다.

내가 하는 말은 마음으로부터 만주인을 사랑하기 때문이 아니다. 감정적으로 말하자면 나의 심중에 흐르는 피나 눈물을 억지할 수 없다. 「양저우십일기」와 「자딩도성기략」을 읽었을 때, 내 마음 속에 뜨거운 피가 끓어올랐다. 따라서 몇 년 전에는 만주족 배척론(排滿論)을 주장했다. 스승님이나 친구들은 당시 나를 비난했지만 나의 주장을 거두지 아니했다. 지금도 그와 같은 생각은 나의 마음속에 한가득 들끓고 있으며 술을 마실 때면 귀가 뜨거워진다. 때로는 억제할 수 없다. 「申論種族革命與政治革命之得失」, 1906년.

따라서 혁명파가 주창한 종족혁명이 구세의 원한에 대한 복수를 취지로 하는 '폭력 혁명'을 초래하여 결과적으로 중국을 최악의 혼란에 빠뜨릴 수도 있다는 우려를 량치차오는 거둘 수 없었다. 만주족에 대한 타도를 외치더라도 극단적인 종족혁명이 아닌 이성적인 차원의 정치혁명으로 실현되는 것을 소망했던 것이다.

제3장

신해혁명과 5족공화

배외로 시작되어 융화로 끝난 혁명

1911년 10월 10일 후베이성(湖北省)의 무창〔武昌; 무창은 한구(漢口), 한양(漢陽)과 함께 무한삼진(武漢三鎭) 중의 하나이다〕에서 청 왕조 타도를 목표로 한 광복혁명이 일어났다. 무창기의(武昌起義)가 성공을 거두었다는 첫 소식이 전해지자 각 성(省), 각지에서 혁명 봉기가 연이어 일어났다. 이와 같은 과정을 거쳐 신해혁명이 시작되었고 청나라 군대와 혁명기의를 일으킨 혁명군 사이의 내전이 전개되었다.

그런데 혁명은 대혼란의 와중에서 진행되었다. 왜냐하면 혁명을 지휘할 통일된 사령탑이 존재하지 않았기 때문이다. 광복혁명에 참가했던 혁명 진영에는 혁명파뿐만 아니라 다양한 사상과 입장을 갖고 있던 사람들도 섞여 있었다. 말하자면 일종의

리위안훙

혼성부대였으며, 통일된 혁명사상에 의해 혁명운동이 전개된 것이 아니었다. 이보다 앞서 1851년부터 1864년까지 청 왕조의 타도를 외치며 일어났던 태평천국 혁명은 훙시우취안(洪秀全)이라는 카리스마적인 지도자를 중심으로 전개되었다. 그렇지만 이번 혁명은 그와 같은 탁월한 지도자 개인의 혁명사상 아래 통일적으로 전개된 것이 아니었다.

후베이성 군정부(軍政府)를 수립시킨 무창기의 과정에서 도독(都督)으로서 상징적인 지도자의 역할을 했던 사람은 정작 혁명과는 별로 관계가 없는 청나라군 여단장에 해당하는 협통(協統)의 위치에 있던 리위안훙(黎元洪)이었다. 모두 18개의 성(省)에서 청 왕조로부터의 독립이 선언되었지만 혁명파가 주도하는 혁명군이 장악한 군정부는 광둥성(廣東省) 등 소수에 불과했다. 순무(巡撫) 등 청 왕조의 지방 고위관료, 청 왕조에 의해 조직된 각 성의 지방의회에 해당하는 자의국(諮議局) 의원, 입헌파 등 다양한 정치적 야심을 품고 있던 무리들이 신해혁명에 참가하여 각지의 혁명 군정부 혹은 도독부를 장악했다.

각 성(省)이 차례로 독립을 선언하면서 독립을 이룬 군정부는 대부분 도독을 자체적으로 선출하고, 혁명군이라고 자칭하며 청나라 군대로부터의 공격을 방어하면서 지역 내의 도독부를 지켜냈다. 당시 청 왕조 조정은 베이징에 여전히 건재했기 때문에 독

황싱

립을 이룬 각 성(省)이 통일된 사령부를 형성하고 통일혁명군을 조직하여 베이징을 향해 진군함으로써 무력을 통해 청 왕조 지배를 타도하는 것이 무엇보다 요구되었다.

1개의 성(省)이 독립을 취소했기 때문에 우선 독립을 이룬 17개 성의 대표들이 11월 15일 상하이(上海)에서 모여 '각성도독부대표연합회(各省都督府代表聯合會)'를 결성하고 새로운 형태의 중국정부를 수립하는 방안을 모색한다. 그러나 통일혁명군을 조직하여 베이징의 청 왕조를 공격할 수 있는 군사력을 보유하지 못했기 때문에 청 왕조의 총리대신 위안스카이(袁世凱)의 위협 속에 대총통(大總統)의 보좌를 그에게 양보해야 할 정도였다. 잠정적인 대표도 무창기의 당시의 원훈(元勳)이었던 리위안훙(黎元洪) 혹은 혁명파의 황싱(黃興)이었는데, 말하자면 제대로

된 계통을 갖추지 못한 미완의 혁명정권이었던 셈이다.

'각성도독부대표연합회'에 모인 각지의 대표들 중에는 '화이지변'의 논리를 주장하는 혁명파도 있었고, '대일통'을 견지하고자 하는 청 왕조에서 봉록을 받고 있던 관료들도 있었으며, 또한 '대일통'의 논리 속에 변법을 주장했던 입헌파도 있었다. 문제는 이러한 혼성팀이 청 왕조 타도에 의한 만주족 배척주의를 기조로 한 광복혁명이 성공을 거둔 이후에 새로운 정부를 어떻게 수립할 것인가 하는 것이었다.

1. 무창기의

우선 무창기의가 일어난 직후 후베이군(湖北軍) 도독부의 혁명선언 등을 살펴보겠다. 이는 확실히 '화이지변'의 논리에 근거해 '만주족 배척론'에 입각한 '한족에 의한 단일민족 국가주의'가 표명된 것이었다. 봉기가 일어난 다음 날인 1911년 10월 11일에 리위안홍(黎元洪)에 의해 공표된 '포고문'의 내용은 다음과 같다.

> 오늘날 만주의 노예들은 한족(漢族) 일가의 구성원이 아니라

는 것을 알아야 할 것이다. …… 우리 한족은 모두 손을 잡고 협력하여 광복사업을 실현하고 한족 일가를 중흥시키기 위해 노력하자.「中華民國軍政府鄂軍都督黎布告」.

또한 다음 날 포고된 선언은 혁명파가 제창한 것과 같은 논조로 지금이 만주족을 모멸(侮蔑)하고 구세의 원한에 대한 보복을 실현할 수 있는 좋은 기회임을 호소했다.

이러한 만주족 노예는 …… 흑수(黑水, 헤이룽 강)의 옛 부락에 있던 여진(女眞)의 남은 잔당이며, 개와 같은 야수의 성질을 갖고 있으면서 인간의 모습을 가장했다. …… 18개 성(省)의 부모형제들이여, 모두 함께 힘을 합쳐 전진하여 함께 (만주족에 대해) 복수하며 우리나라를 되찾고 우리나라의 치욕을 씻도록 하자.「中華民國軍政府布告全國文」.

확실히 혁명파의 영향이 강력하게 반영되어 있는 혁명선언이다. 곧 수립하게 될 새로운 국가는 18개 성에 거주하는 한족 일가로 구성되는 국가로서 묘사되고 있다.

10월 20일, 후베이군 도독부는 '후베이성 전체 인민'의 명의로 위안스카이(袁世凱)에게 혁명에 합류할 것을 요청했다. 여기

위안스카이

에는 위안스카이가 한족인 이상 자신이 속한 민족인 한족에게 충성을 다하라는 민족적 감정이 깃들어 있었다. 따라서 미국 독립혁명에 빗대어 위안스카이에게 '한족의 조지 워싱턴'이라는 최고의 찬사를 부여했다.

오늘날의 혁명은 종족을 기점으로 하고 있다. 천경지의(天經地義)를 통해 '화하지변(華夏之辨)'은 확실해졌다. 모든 근원은 여기에 있으며 충효의 마음도 이곳에 있다. …… '한족의 조지 워싱턴'이 되어줄 것을 (위안스카이) 각하에게 바랄 뿐이다.「全鄂人民致袁世凱書」.

특별히 여기에서는 '화하지변'으로 표현된 '화이지변'이란 용어를 인용했다는 사실로부터 보아도 한족 중심의 국가건설을 강조하고 있다는 것은 확실하다. 혁명이 일어난 직후 후베이군 도독부를 찍은 사진을 보면 정문에 두 개의 커다란 '18성기(十八星旗)'가 게양되어 있다. 이는 무창기의의 성격을 잘 보여준다. 무창기의가 지닌 성격에 대해서는 왕춘사(王春霞)의 아래와 같은 기술을 통해 쉽게 이해할 수 있다.

10월 10일, 무창기의가 성공을 거두자 '18성기'가 드높게 뱀산(蛇山)의 황학루(黃

무창기의 당시 후베이군 도독부와 18개 성 깃발

鶴樓)에 내걸렸다. 이는 혁명의 상징이며, 혁명을 이룬 군민(軍民)의 투쟁의지를 격려하려는 것이었다. 그렇지만 이는 또한 편협한 '민족주의'를 집중적으로 표현하고 있는 것이기도 했다. '18성기'는 단지 18개 행성(行省)을 대표하는 것일 뿐이며, 헤이룽장, 지린, 펑톈, 신장의 4개 행성(行省) 및 내몽골, 외몽골 그리고 티베트의 광대한 지역은 외부 지역으로서 배제되었다. 王春霞, 『排滿與民族主義』.

무창기의를 내부에서 강렬하게 지지했던 혁명파 결사조직인 공진회(共進會)의 상징이 바로 '18성기'였다.

1912년에 쓰촨성(四川省) 군정부가 발행한 1위안짜리 은전(銀錢)의 안쪽을 보면 중앙부에 '한(漢)'이라는 글자가 표기되어 있고 그 주변을 18개의 동그라미들이 나란히 둘러싸고 있다.

제3장 신해혁명과 5족 공화: 배외로 시작되어 융화로 끝난 혁명

쓰촨성 군정부가 제조한 '18개 성(省) 1위안 은전', 중화민국 원년(1912년)

물론 이 동그라미들은 한족을 중심으로 한 18개의 성(省)을 의미하고 있다. 그런데 이러한 후베이성 군정부의 정치적 견해는 신해혁명의 주류 사조가 되지 못했다. 이는 신해혁명 전반에 걸쳐서 쑨원 등의 혁명파가 주류 세력이 되지 못했기 때문이다. 이후 중화민국의 국기(國旗)에 대한 논쟁에서 '18성기'를 둘러싸고 다시 격렬한 논쟁이 벌어진다.

무엇보다 '화이지변'의 논리에 입각한 광복혁명론은 청 왕조 타도를 위한 한족 중심의 민족혁명에 수많은 사람들을 정치적으로 동원하는 데에서 눈부신 효과를 발휘했다. 그러나 청 왕조가 타도된 이후 새롭게 수립될 국가의 형태를 논의할 때 예상치 못했던 큰 문제점들이 출현하게 된다.

'화이지변'의 논리에 따라 18개 성 지역에 거주하는 한족만으로 구성된 한족 단일국가를 세우게 된다면 그 밖의 헤이룽장,

지린, 펑톈의 동삼성(東三省)과 신장, 몽골, 티베트 지역은 어떻게 해야 하는가? 그렇다면 '대일통'의 틀로 회귀하여 한족을 중심으로 하는 중화제국의 전통을 다시 재현해야 하는가? 이와 관련하여 다음과 같은 세 가지의 선택지가 존재했다.

① 동삼성, 신장, 몽골, 티베트를 중국으로부터 이탈시켜 각각 만주족 민족국가, 회족 민족국가, 몽골족 민족국가, 티베트족 민족국가로 독립하는 것을 용인한다.
② 독립한 각각의 이민족 국가와 한족 국가는 연방제 형태의 유연한 중화제국의 판도를 유지한다.
③ 앞의 ①과 ②의 경우 어느 것이든 중앙집권적인 '대일통'을 근간으로 하여 면면히 유지되어왔던 '위대한 중화제국의 역사'는 종언을 맞이하게 된다. 이를 피하기 위해 한족이 정권을 다시 장악하게 되면 이른바 '번부'를 포함하는 사실상의 '대한족주의(大漢族主義)'라고 볼 수 있는 대민족주의(大民族主義)에 의거하여 중화제국의 판도를 최대의 상태로 유지하면서 새로운 국가를 수립한다.

사실은 신해혁명 발발에서 중화민국의 탄생에 이르기까지 2개월 반 정도가 걸렸지만 이 과정 속에서 새로운 국가를 수립할 때 각 성(省)의 자립성을 인정하는 연방제 형태로 할 것인가 아니면 기존과 같은 중앙집권 형태의 국가로 할 것인가를 둘러싸고 격렬한 논쟁이 있었다. 그 이면을 뒤집어 보면 이것은 '화이지변'과 '대일통' 사이의 대논쟁이었던 것이다. '화이지변'의 논리를 채택한 후베이성 군정부가 표명한 것은 연방제를 수립한다는 주장이었다.

> 신주(神州)의 회복을 지향하면서 우리는 남녀노소를 가리지 않고 모든 사람들과 함께 민주자치의 연방공화국을 수립한다. 「聯合東南進討滿奴檄」, 1911년 10월 23일.

이를 준용하는 한 '동남부의 여러 성들(東南諸省)'을 포함한 각 성(省)이 연합하여 '민주자치의 연방공화국'을 수립한다는 것인데, 여기서 말하는 연방이란 18개 성 지역에 거주하는 한족에 의한 각 성의 자치적 연방을 의미한다. 따라서 이는 위의 ②에 해당하는 연방이 아니라 바로 ①의 선택을 의미한다.

그렇다면 '화이지변'의 논리에 따라 격렬한 만주족 배척주의를 전면에 내세운 혁명을 강조했던 혁명파는 광복혁명이 실현되는 상황에 직면하여 과연 어떤 주장을 제기했는가? 그들은 ①처럼 오랑캐 이민족의 축출, 이탈, 독립을 인정하고 있는가?

아니면 ②처럼 오랑캐 이민족의 자립과 자치를 인정하면서 동시에 이를 한족 중심의 국가에 연계하려고 하는가? 이미 살펴본 것처럼 쑨원은 ①의 입장을 수용하는 주장을 폈다. 그러나 혁명파에게 초미의 관심사는 피지배민족으로서의 한족과 지배민족으로서의 만주족 두 민족 사이에 존재하는 모순의 해결이었으며 그 외 주변 민족들의 양태에 대해서는 별다른 관심을 보이지 않았다.

가장 중요한 인물인 쑨원은 실제로 신해혁명의 시기에 중국에 머물지 않았고, 무창기의가 성공을 거두었다는 첫 소식을 미국의 덴버(Denver)에서 전해 들었다. 그리고 격렬한 내전을 겪고 있던 유럽을 방문한 이후 중국으로 귀국한 것은 1911년 12월 말이다. 이 기간 동안 새롭게 수립될 중화민국의 정치체제를 결정하는 주도권은 상하이 혹은 난징(南京)에서 개최된 '각성도독부대표연합회'에 있었으며 쑨원의 의사는 아직 그곳에 전달되지 못했다. 쑨원이 귀국하여 여기에 합류한 것은 12월 25일의 일로 이미 대세가 결정된 이후였다. 그리고 쑨원이 임시대총통으로 선출되어 1912년 1월 1일에 중화민국의 수립이 선포되었다. 이와 같은 흐름 속에서 새롭게 수립된 중화민국에 쑨원의 정치적 의사가 충분히 구현될 수 없었다.

무엇보다 쑨원이 부재했던 기간 중에 '각성도독부대표연합

탕화룽

회'에서 주도권을 잡았던 이들은 결코 혁명파가 아니었다. 다양한 세력이 결집되어 있던 동 연합회는 오히려 '대일통'의 사고가 주류를 형성하고 있었다.

쑨원이 합류할 때까지 독립을 선언한 혁명 측의 주도권을 장악했던 이들은 저장성(浙江省) 도독 탕서우첸(湯壽潛), 장쑤성(江蘇省) 도독 청더취안(程德全), 장쑤성 자의국 의장 장젠(張謇), 후베이성 자의국 의장 탕화룽(湯化龍), 그리고 임시외교대표이자 남북의화(南北議和) 대표였던 외교관 우팅팡(伍廷芳) 등 주로 구관료 및 입헌파 세력이었다. 혁명파와 자의국 사이의 관계는 매우 미묘했다. 실제로 10월 10일 무창기의 직후에 개최된 후베이성 자의국은 탕화룽이 의장직을 수행하면서 아래와 같은 결정을 내렸다. 이는 '18성기'를 내세웠던 한족에 의한 단일민족 국가 건설과는 다른 주장이었다.

① 자의국을 군정부(軍政府)로 삼는다. ② 중국을 중화민국이라 칭한다. ③ 정치체제를 5족 공화(五族共和)로 바꾼다. 국기를

다섯 가지 색으로 정한다. 홍색, 황색, 남색, 백색, 흑색으로 각각 한(漢), 만(滿), 몽골, 회(回), 티베트를 대표하며 모두 일가(一家)가 된다. 曹亞伯, 『武昌革命眞史』.

이것은 앞에서 살펴본 「중화민국 군정부 후베이군 도독 리위안훙의 포고문(中華民國軍政府鄂軍都督黎布告)」에서 언급된 '한족 일가(漢一家)'의 개념과 크게 다르다. 동일한 무창 혁명정권 내부에서도 리위안훙(黎元洪)이 이끈 도독부와 탕화룽(湯化龍)이 영도하는 자의국 간에는 곧 수립될 새로운 국가의 이미지에 대해 서로 다른 견해를 갖고 있었던 것이다.

입헌파가 장악하고 있던 자의국의 멤버들은 황제 중심의 전제체제를 유지하고 있던 청 왕조를 대신하여 한족이 주도하는 공화국을 수립한다는 것에 인식을 함께 했지만 '화이지변'의 논리에 입각한 혁명을 결코 희망하지는 않았다. '화이지변'의 논리에 따르게 되면 장차 주변부의 몽골, 티베트, 신장을 포함하고 있던 중화제국이 붕괴될 수 있는 위험성이 존재했기 때문이다. 다시 말해서 청 왕조를 타도한다고 해도 만주족을 만리장성 바깥으로 쫓아내는 것은 아닌 것이다. 따라서 이들은 새로운 중화민국을 수립한다고 해도 기존과 같이 만주족 등 이민족들과의 평화적 공존을 추구했다.

우팅팡

청 왕조와 정치적 교섭을 하는 장이었던 '남북의화회의(南北議和會議)'의 남측 혁명세력 대표 우팅팡(伍廷芳)과 북측 청 왕조 대표 탕사오이(唐紹儀)가 상하이에서 만나 협의했던 당시의 기록을 보면 아래와 같다.

우팅팡 대표의 발언 황실에 대한 대우와, 군대의 존속과 폐지 여부는 잘 처리한다. 탕(湯), 청(程), 장(張) 각 도독과 나는 섭정왕(攝政王)에게 연락을 취하여 단지 그의 퇴위를 요청할 뿐이며 그 밖의 모든 사안에 대해서는 우대한다 …….

탕사오이 대표의 발언 듣자 하니 18개 성(省) 지역에서 만주인(滿人)을 쫓아내려 하고 있다고 한다.

우팅팡 대표의 발언 그런 일은 결코 없다. 우리는 만주인을 증오하지 않는다. 만주인이 정치적 권력을 장악하고 있는 것을 싫어할 뿐이다. 「南北議和南北代表議問答記錄」 제2차 회의록, 1911년 12월 20일.

우팅팡 대표가 상하이에 도착했을 때 혁명세력은 이미 아래와 같은 네 가지 조치를 취하기로 의결했다.

① 청 왕조의 전복, ② 황실에 대한 우대, ③ 만주인에 대한 두터운 대우, ④ 각 성(省)의 통일. 「宣統三年十月二十三日外務部司員曾宗鑑致外務部丞參電」, 1911년 10월 13일.

'만주족 청 왕조의 타도(滿淸顚覆)'를 내세운 만주족 배척혁명이 성공을 거두게 되면 그 이후에는 만주족도 '대일통'의 틀에 포섭하겠다는 혁명 프로그램인 것이다. 장쑤성 도독 청더취안(程德全)도 '대일통'의 견지에서 신해혁명 이후의 정치체제에 대해 다음과 같이 전망했다.

정치를 쇄신하는 것은 결국 국가체제에 대한 개혁에 있다. 한(漢)이 없으면 만(滿)도 없다. 모두 동일하게 보아야 한다. 국가를 위해 그리고 백성을 위해 국사(國事)에 매진할 뿐이다. 귀천(貴賤)과 상하(上下)를 구분하지 않고 평등을 대대적으로 실현하고 각 성(省)의 민족들을 규합하여 하나의 커다란 공화(一大共和)를 이룩한다. 「誓師文」, 1911년 10월, 黃炎培, 「我親身經歷的辛亥革命事實」에 수록.

그런데 이때 '대일통'의 관점에서 볼 때 크게 우려할 만한 사태가 발생했다. 만주족의 지배를 타파하고 한족이 독립하게 된다면 마찬가지로 몽골족이나 티베트족도 만주족의 지배로부터 독립하기 위해 시도할 수 있다는 것이었다.

신해혁명에 의해 만주족의 청 왕조가 붕괴하게 되면 몽골족이나 티베트족이 이를 자신들이 독립을 달성할 수 있는 절호의 기회로 보게 될 것은 당연한 일이다. 따라서 한족 정권이 몽골이나 티베트를 다시 지배하에 두기 전에 각기 독립을 달성하여 스스로의 국가를 수립하고자 했으며 궁극적으로 독립을 희망했던 것이다.

이것은 매우 중대한 사안이었다. 이 문제는 만주족을 어떻게 다루어야 하는가의 영역에 국한되지 않는다. 이러한 상태로 추세가 지속된다면 이적(夷狄)의 세계를 포함하고 있던 중화적인 천하체제가 붕괴해버릴 수도 있기 때문이다. 자칫하면 중화제국의 판도는 축소되고 한족만으로 수립된 민족국가로서의 중화민국이 남게 된다.

실업가로서 크게 성공하여 혁명 이후에 초대 실업총장(實業總長)으로서 정치권에서도 활약하게 된 장젠(張謇)의 입장에서 볼 때 전통적인 천하체제의 붕괴만은 피해야 하는 것이었다. 이것은 중국의 전통적 사대부 계층이 함께 간직하고 있던 공통의 위기의식이기도 했다. 따라서 그는 평생 목숨을 걸고 독립을 지향했던 몽골 등의 움직임을 막기 위해 혼신의 노력을 다했다.

장젠

지금은 만주를 위해 노력하고 한(漢)을 위해 노력하고 몽골, 티베트, 회(回)를 위해 노력하여 전체를 공화로 바꾸어 복리(福利)를 실현한다. 「辛亥九月致內閣書」, 1911년 11월, 張孝若, 「節錄張季直先生傳記」에 수록.

장젠은 몽골에 연락을 취하여 공화국을 함께 건설하자며 다음과 같이 호소했다.

혁명세력인 남방의 민군(民軍)은 몽골족을 우리의 동포로 여기고 있으며, 결코 추호라도 이방인으로 보지 않는다. 만청(滿淸)의 퇴위는 우리의 목전에 있다. 공화 정체(政體)가 성립되어 사람들이 평등하게 된다면 대총통도 인민에 의해 공개적으로 선발되고 한(漢), 만(滿), 몽골, 회(回), 티베트의 다섯 민족이 대총통을 함께 선거하는 권리를 갖게 될 것이며, 모든 민족은 대총통으로 출마하여 선발될 수 있는 자격을 지니게 될 것이다. 「復庫倫各法電」, 1912년, 張孝若, 「節錄張季直先生傳記」에 수록.

마찬가지로 외교 교섭의 업무를 담당했던 우팅팡도 몽골에 아래와 같이 호소했다.

> 군민(軍民)이 기의를 일으킨 목적은 한, 만, 몽골, 회, 티베트를 단합시켜 하나의 커다란 공화국을 수립하는 데에 있는 것이다. 이것은 한인(漢人)의 사리사욕에 의해 시작된 것이 아니라 만, 몽골, 회, 티베트와 함께 봉건적인 노예로서 느꼈던 고통을 벗어나 공화국 속의 같은 형제가 되는 즐거움을 함께 누리고자 하는 데에 있다. 이는 만주인에게도 이익이 된다. …… 국민에게는 평등한 권리가 있으며 장래의 대총통에 대해서도 한, 만, 몽골, 회, 티베트의 각 인민은 모두 선발될 가능성이 있으며 정치적인 권리에서도 우열은 결코 없다. 「復內外蒙古王公電」, 1912년 1월 14일.

이러한 발언들을 살펴보건대, 혁명파가 주장했던 '화이지변'의 논리는 퇴색하고 있다. '화이지변'의 입장은 혁명운동을 추진시킨 동력이었지만 혁명이 성취되는 단계가 되자 '대일통'의 틀이 즉각 부상하게 된다.

이러한 흐름 속에서 한, 만, 몽골, 회, 티베트의 5족이 일체가 되어 공화국을 건설한다는 '5족 공화론'이 아래에 설명하는 바와 같이 생겨난다. 무라다 히데니로(村田雄二郞)의 「신해혁명 시기의 국가 구상: 5족 공화를 중심으로(辛亥革命期の國家構想: 五族共和をめぐって)」라는 주제의 연구에 따

양뚜

르면, 이러한 '5족 공화론'은 입헌파의 양뚜(楊度)가 제창한 '5족 합일론'으로부터 기원했다고 한다.

양뚜는 중화민국이 성립된 이후에 위안스카이의 전제체제 복고운동을 지지했던 인물로서 악명이 높지만 마지막 단계에 이르러 중국공산당에 입당하는 파란만장한 인생을 보낸 기재(奇才)이다.

오늘날의 세계에서 중국은 한, 만, 몽골, 회, 티베트의 땅을 조금이라도 상실해서는 안 된다. 한, 만, 몽골, 회, 티베트의 인민들도 그중에 어떤 하나의 민족이라도 잃어서는 안 된다. 이제까지의 형태를 유지해야만 한다. 세 가지 가운데 그 어떤 하나라도 변해

서는 안 되는 이유는 그 어떤 한 가지라도 변동이 발생하면 국가가 망하게 되기 때문이다. …… 국가의 형태가 변하게 되면 안 되기 때문에 영토도 인민도 변해서는 안 된다. 인민을 변하게 하면 안 되기 때문에 국민인 한, 만, 몽골, 회, 티베트의 5족은 다섯이 단결하여 하나가 되어야 하는 것이며, 하나가 다섯으로 분할되어서는 안 된다. 「金鐵主義說」, 1907년.

양뚜는 국민국가가 경쟁하는 세계에서 중국이 국민국가로서의 단결력을 높이기 위해서는 다민족을 '국민'이라는 틀 속에서 단합시켜 이를 견지하는 것이 필요하다고 보았다. 이에 따라 그는 '5족 입국(五族入國)', '5족 일가(五族一家)'라는 표현을 사용했다.

그럼 왜 쑨원 등 혁명파는 '화이지변'의 논리로 만주족 배척주의를 제창하고, 양뚜 등 입헌파는 '대일통'의 틀을 견지할 것을 주장했을까? 무라다 히데니로의 「쑨원과 신해혁명 시기의 5족 공화론(孫中山與辛亥革命時期的 '五族共和'論)」에 따르면, 북방의 베이징을 주요 무대로 활동했던 양뚜는 내외의 중국을 통합시킨 청 왕조의 이중적 구조를 상세하게 관찰했으며 이에 반해 남방을 주된 전장으로 하여 활동했던 혁명파는 중국의 외연에 대한 현실적인 존재감을 느끼지 못했다고 한다. 그렇다면

'화이지변'의 논리가 중국에서 전통적으로 계승되어온 하나의 개념일지라도, 국민국가들이 서로 치열하게 경쟁하는 새로운 시대를 맞이해서 이것이 현실로부터 유리되고, 시대에 뒤떨어진 적합하지 않은 것이 되어버린 것인가? 확실히 아래에서 보는 바와 같이 신해혁명이 성공을 거두게 된 이후 곧 이어 중화민국 수립 과정에서 정치적으로 주류 사조가 된 것은 '화이지변'의 논리가 아니라 '대일통'의 틀을 견지하고 있던 '5족 공화론'이었다.

2. 5족 공화의 등장

신해혁명 발발 이후 쑨원의 귀국은 다소 늦어졌다. 이미 새로운 중화민국의 모습이 모두 갖추어진 이후였던 것이다. 아무리 쑨원이라고 해도 겨우 며칠 만에 이미 결정된 노선을 변경하는 것은 불가능했다. 쑨원의 커다란 오산은 다음과 같은 점에 있었다.

① 쑨원이 지도하는 중국동맹회의 혁명강령인 '삼서(三序)' 구상에서는 '군법의 다스림', '약법(約法)의 다스림', '헌법(憲法)의

다스림'〔후에 군정(軍政), 훈정(訓政), 헌정(憲政)으로 개칭〕을 단계적으로 예정했다. 이것은 혁명의 성공 후에 우선 혁명독재적인 군정부를 세우고 다음으로 정치개혁을 실현하며 최후에 입헌의회제를 실현한다는 단계적 발전론이다. 그러나 쑨원이 귀국한 시점에서 이미 미국식의 대통령제 의회정치를 바로 실현하는 정치제도가 확정되었다.

② '화이지변'의 논리에 입각한 한족 중심의 국가건설을 예정했으나, 이와 달리 '각성도독부대표연합회'는 '대일통'의 틀 속에서 다민족국가 구상을 확정했다.

귀국 직후의 쑨원은 중화민국의 초대 임시대총통에 선출되지만 쑨원에게는 심적으로 편안한 것이 아니었다. 쑨원 자신이 본래 상정하고 있던 것과는 다른 형태의 국가건설을 위해 종사할 수밖에 없었기 때문이다. 이와 같은 상황에서 쑨원의 의사에 반하는 '5족 공화'의 슬로건이 탄생했다.

1912년 1월 1일, 난징에서 중화민국의 건국이 선언되었다. 쑨원은 중화민국의 발족에 즈음하여 임시대총통의 명의로 건국선언을 행했다.

　　모두 일체가 된다. 이것을 민족의 통일이라고 한다.「臨時大總統

宣言」.

또한 난징 임시정부하에서 참의원(參議院)을 통해 1912년 3월 10일 작성된 「중화민국임시약법(中華民國臨時約法)」에는 다음과 같은 사항이 규정되어 있다.

제1조 중화민국은 중화인민(中華人民)으로 구성된다.
제2조 중화민국의 주권은 국민 전체에 속한다.
제3조 중화민국의 영토는 22개 행성(行省)과 내외 몽골, 티베트, 칭하이로 한다.
    ......
제5조 중화민국 인민은 일률 평등하며 종족, 계급, 종교의 구분은 없다.

이는 총체적으로 볼 때 '5족 공화' 체제이다. 물론 여기서 말하는 '5족'이란 한족, 만주족, 몽골족, 회족, 티베트족을 지칭한다. 그렇지만 위의 5족에 한정되는 것은 아니고 모든 소수민족을 포함하고 있다는 의미가 내재되어 있으며 한족과 한족 이외의 비교적 규모가 큰 대표적인 민족들을 열거했던 것에 불과하다. 현대적 의미에서 말하자면 이른바 '다민족공화' 체제인 셈이다.

이것은 전통적인 '대일통' 사조의 재현이다. 그렇지만 새로운 요소가 없던 것은 아니었다. 이것은 20세기의 혁명이며, 여기에는 민주혁명이라는 요소가 새롭게 추가되었기 때문이다. 이른바 여러 민족의 평등이 그것이다. 불평등한 '대일통'으로부터 평등지향 '대일통'으로의 변용이다. 본래 '대일통'은 문명적 우월론에 입각한 민족불평등론을 전제로 한 '민족우열 차별주의'로부터 파생된 것이다. 따라서 소수의 야만적인 만주족이 다수의 우수한 한족을 지배하는 것은 정의롭지 못하다고 여겨졌다. 정의롭지 못한 만주족에 의한 지배를 타파하는 것은 근대적인 평등혁명의 소임을 행하는 것으로서 아울러 인식되었다. 기존의 '대일통'의 틀 속에서는 다수의 우수한 한족이 소수의 야만적인 이적(夷狄) 민족들을 지배하는 것이었으며, 전통적으로 그것은 '정상'이고 불평등이라고 의식되지 않았다. 그렇지만 이미 20세기의 혁명인 이상 한족이 다른 소수민족을 지배한다는 종래의 '대일통'의 논리를 노골적으로 표방할 수 없었던 것이다.

여기에서 등장하는 것이 평등한 민족관계에 의해 성립하는 '5족 공화론'이다. 환언하자면, '5족 평등공화'이다. 그러나 '화이지변'의 논리에 입각하여 광복혁명을 주장했던 혁명파의 입장에서는 납득할 수 없는 절충적 개념이었다. 쑨원은 확실히 '5족 공화'에 대해 불만을 갖고 있었다. 그러나 다양한 정치세력으로 이루어진 연합정권이었던 난징 임시정부를 유지하려면 불만을 품고 있더라도 '5족 공화'를 주장할 수밖에 없는 처지였던 것이다.

예를 들면, 중화민국의 새로운 국기(國旗)를 선정하는 문제가 있다. 무창기의 당시 게양되었던 것은 한족에 의한 혁명을 의미하는 '18성기(十八星旗)'였다. 새롭게 수립된 정권은 당연히 이를 수용할 수 없었다. 또한 쑨원이 주도한 혁명세력은 '청천백일기(靑天白日旗)'를 상징으로 했다. 그렇지만 '5족 공화'의 관점에서 '오색기(五色旗)'가 새로운 국기에 적합한 것으로 추천되었다. '오색기'는 이미 혁명 과정에서 제안되었던 것이다.

> 5족 공화의 뜻을 담아 다섯 가지 색을 국기로 결정한다. 홍색, 황색, 남색, 백색, 흑색은 한, 만, 몽골, 회, 티베트를 상징한다. 「上海江蘇省敎育總會決意」, 1911년 12월 4일.

이것은 무창기의 직후의 후베이성 자의국에서 행해진 결의를 받아들인 것이다. 따라서 난징 임시정부의 탄생 이후 참의원(參議院)은 '오색기'를 국기로 삼는 것에 대해 결의했다. 물론 쑨원은 이것을 순순히 받아들일 수 없었다.

    오색기를 국기로 삼겠다는 귀회(貴會)의 결의가 나에게 보내졌는데, 본 총통은 이 문제에 대해 아직 현재까지 공포하지 않고 있다. 현재 민국 각 성(省)에서 사용되고 있는 기(旗)는 크게 세 종류로 구분된다. 무창에서 일어난 첫 번째 기의에서는 안팎의 18개 성(省)을 그린 마크를 사용했다. 반면 장쑤성과 저장성에서는 오색의 마크를 사용했다. 지금 어떤 것을 선택하게 된다면 어떤 것을 버려야만 한다. 그런데 어떤 것이 가장 적합한 것인가에 대해서는 결정적인 이유가 없으며 그렇다고 해서 절충도 불가능한 일이다. 따라서 본 총통이 이 단계에서 이에 대해 결정을 내리기가 어렵다. 만주족 달로(滿虜)가 멸망하고 민선(民選) 국회가 성립된 이후 이를 국민의 선택에 맡기고 싶다. 결정을 내려야 한다고 해도 오색기를 선택하는 것이 최선이라고 말하기 어렵다. …… 우한(武漢)의 기(旗)는 이를 토대로 하여 전국 최초의 기의를 일으켰다. 장쑤성과 저장성의 기(旗)는 이를 토대로 난징을 해방했다. 또한 천백(天白)의 기(旗)인 청천백일기(青天白日旗)는 한족을 위해 공화당 당원이 남방의 기의를 위해 사용한 지도 십여 년이 흘렀다. …… 대의로부터 보면 우한에 커다란 의미가 있다. 청천백일기는 아름답고, …… 자유평등의 의(義)를 비추고 있다. 「大總統

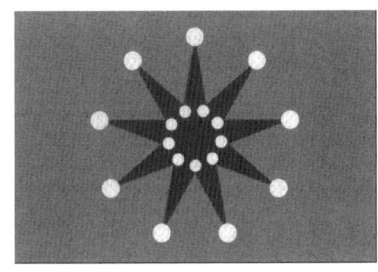

18성기(十八星旗)

오색기(五色旗, 위로부터 홍색, 황색, 남색, 백색, 흑색)

청천백일기(靑天白日旗)

復參議會論國旗函」, 1912년 1월 12일.

쑨원이 '5족 공화'의 상징인 '오색기'에 대해서 상당히 난색을 표하는 대목인 것이다. 국민투표에 의해 국회가 성립된 이후

제3장 신해혁명과 5족 공화: 배외로 시작되어 융화로 끝난 혁명   *131*

국회에서 정식으로 이 문제를 결정하면 될 것이라고 하면서 자신이 직접 결정을 내리는 것을 회피하고 있다.

이 시기 '5족 공화'는 국시(國是)가 되었지만 쑨원은 개인적으로 한족 중심의 관점을 계속 유지했다. 그의 이러한 사고는 다양한 곳에서 찾아볼 수 있다. 중화민국이 발족하기 수일 전에 간행된 의견서를 통해 그는 여전히 신해혁명이 한족 부흥을 위한 혁명이라는 것을 과시하며 다음과 같이 주장했다.

> 옛날 주명(朱明, 주원장의 명나라)이 개창한 길이 멸망치 않았고, 태평의 군대〔훙시우취안(洪秀全)의 태평천국군〕가 패배하지 않았다면 현재도 여전히 한족 일가(漢家)의 천하였을 것이다. 「中國同盟會意見書」, 1911년 12월 30일.

1912년 새해 첫 날의 '임시대총통선언(臨時大總統宣言)'과 함께 공표된 군인에 대한 훈령 속에서도 다음과 같이 신해혁명이 한족에 의한 혁명이라는 점을 재차 확인하고 있다.

> 우리의 황〔黃; 황제(黃帝)의 후예라는 의미이며, 황(皇)으로 기록한 자료도 있다〕을 정점으로 하는 한족(漢族) 정신은 끝없이 발양되고 확대된다. 「通告海陸軍將士文」, 1912년 1월 1일.

이와 같이 폭주(輻輳)하는 대응들 속에 일관된 방침을 찾아내기는 어렵다. 지금까지는 한족에 의한 광복혁명을 추구해왔으나 이제부터는 만주족 배척주의를 기반으로 한 종족주의적 접근을 버리고 '5족 공화'를 실시하기 위한 정책을 실행하겠다는 의미인가? 당시 쑨원은 민족 간 평등을 주장하는 '5족 공화'의 정통성에 대해 수차례에 걸쳐 언급했다. 그렇지만 쑨원의 마음속은 무엇인가 거북스러운 것이 치아 사이에 끼어 있는 것과 같았을 것이다. 1912년 9월 쑨원은 베이징에서 '5족 공화'에 대해 아래와 같이 논했다.

> 작년 우리나라에서 일어난 혁명은 종족혁명이며, 동시에 정치혁명이었다. 무슨 근거로 이처럼 말할 수 있는가? 한, 만, 몽골, 회, 티베트의 다섯 개 큰 종족들 가운데 한족이 우월적 지위를 독점하여 절대적인 권력을 장악함으로써 한족 이외의 네 개 민족을 압제했다. 만주족이 주인이 되자, 그 밖의 네 민족들은 모두 노예의 신세가 되었다. 이처럼 종족 간의 불평등은 끝없는 한계점에 도달했다. 종족 간에 불평등하다면 자연스럽게 정치도 역시 평등하게 실현될 수 없다. 이에 따라 혁명을 실행했던 것이다. 「在北京五族共和合進會與西北協進會演說」, 1912년 9월 3일.

다음 해 쑨원은 일본의 고베(神戶)에서 화교들을 향해 다음과 같이 말했다.

> 과거의 천하는 만주족 일가(一家)에 의한 천하였다. 한인은 만주인으로부터 전제와 압제를 받았고 우리 동포들은 노예가 되어 260여 년간 망국의 백성이 되었다. 오늘날의 국가는 4억 명에 달하는 5족으로 구성된 공공의 국가가 되었다. 「在神戶華僑歡迎會的演說」, 1913년 3월 13일.

'5족 공화'를 말하면서도 신해혁명이 한족에 의한 혁명이었다는 것에 아직 구애받고 있다. 그동안 쌓였던 불만스러운 심정을 쑨원은 허심탄회하게 피력하고 있는 것이다.

3. 5족 공화의 부정과 중화민족 개념의 등장

중화민국이 탄생한 이후에도 쑨원은 격동의 드라마를 연출했다. 겨우 3개월 만에 중화민국 임시대총통의 자리를 위안스카이에게 양도했다. 초대 국회의원 선거에서 쑨원 등이 이끄는 국민당이 승리를 거두자 지도자들 중 한 명이었던 쑹쟈오런(宋

敎仁)이 암살되었고, 이윽고 위안스카이 정권을 타도하려는 두 번째 혁명이 일어났으나 군사적으로 패배하여 결국 쑨원은 일본으로 망명했다. 그는 이에 굴하지 않고 다시 중화혁명당(中華革命黨)을 결성해서 혁명투쟁을 개시했다.

이러한 혁명투쟁의 재개가 가능했던 것은 쑨원이 망명을 하게 되면서 신해혁명의 발발로 임시대총통이 된 이후 난징 임시정부 시절에 이르기까지 함께 협력하지 않을 수 없었던 구관료 세력이나 구입헌파 사람들과의 관계를 청산할 수 있었기 때문이다. 이처럼 정치적 장벽이 사라지게 되자 쑨원은 '5족 공화'에 대해 비판하는 자세를 취하게 된다. 이에 대한 이유와 상황을 쑨원은 아래와 같이 설명하고 있다.

> 무지하며 망상에 사로잡혀 있던 이들은 혁명이 성공을 거두자 혁명의 초기에 한, 만, 몽골, 회, 티베트가 단결한다는 '5족 공화론'을 제창했고, 관료들도 이를 추종했다. 이로 인해 청 왕조의 일개 정일품 무관이 지니고 있던 오색기(五色旗)가 우리 중화민국의 공식 국기가 되어버렸다. 오색은 한, 만, 몽골, 회, 티베트를 각각 대표하는 것이다. 혁명당의 당원들도 이를 심각하게 고려하지 않은 채 우리가 성취해낸 공화혁명 속에서 최초의 희생자가 되신 루하오둥(陸皓東) 선생이 중화민국의 국기로 정한 청천백일기(靑

天白日旗)를 버리고 사분오열된 관료의 깃발인 오색기를 채택해 버렸다.「三民主義」, 1919년.

중국은 영토가 드넓고 인구가 많음에도 불구하고 아직 반독립국에 불과하다. 완고한 구당파(舊黨) 무리들과 부활한 종사당(宗社黨)의 세력 등은 목소리를 함께 드높이며 '5족 공화'의 실현을 부르짖고 있다. 근본적인 오류는 바로 여기에 있다.「在中國國民黨本部特設駐奧辦事處的演說」, 1921년 3월 6일.

'5족 공화'라는 것은 쑨원 자신이 주장한 것이 아니라는 것을 뚜렷하게 강조하며, 이는 '세습적인 관료, 완고한 구당파 무리들, 그리고 부활한 종사당의 세력 등'이 제기한 것이라고 설명하고 있다. 그렇다면 '5족 공화'의 어디에 오류가 있는 것인가? 당시 쑨원은 '화이지변'의 논리를 통해서만 '5족 공화'를 비판하지는 않았다.

무엇보다 쑨원은 혁명파였지만 고전적인 '화이지변'의 논리를 추종하던 사람들에 비하면 만주족을 다루는 데에서 대단히 관용적인 입장을 보였고, 한족을 따르는 데에서는 만주족의 존재를 용인했다. 쑨원이 혐오했던 것은 이른바 '5족 평등공화'였다. 5족이 평등하게, 즉 다수민족인 한족과 소수민족이 평등하게 어깨를 나란히 한다는 '5족 공화'에 대해 참을 수 없었던 것이다.

쑨원은 정권을 제거한 이후 점진적으로 민족적 차별주의 관점을 부활시켰다. 전통적인 이적(夷狄) 개념과 마찬가지로 주변의 이민족을 시대에 뒤떨어져 자립이 불가능한 열등한 민족이라고 간주하고 이들을 한족이 '동화'〔실질적인 의미에서는 '한화(漢化)'를 의미함〕시켜 수평적으로 평등한 연합이 아니라 한족이 주도하는 중화가 '자위능력을 갖추지 못한' 오랑캐 이민족을 구제한다는 수직적인 주종관계로 구조화하고자 했다.

5족의 인구수를 말하자면 티베트인은 400만~500만 명에 불과하다. 몽골인은 100만 명을 넘지 못한다. 만주인은 겨우 수백만 명에 불과하다. 회족은 많지만 그 대부분이 한인이다. 지리적인 형세에 대해서 논하자면 만주는 일본인의 세력 기반에 있으며, 몽골은 러시아의 세력범위에 들어가 있고, 티베트는 영국의 품 안에 있다. 그들 전체가 자위능력을 보유하고 있지 못하다. 우리 한족이 그들을 돕지 않으면 안 된다. 한족은 4억 명이며 그 이상일지도 모르는데 진정한 의미에서 독립을 달성한 한족에 의한 국가를 완전한 형태로 수립하지 못한 것은 한족이 직면하고 있는 최대의 수치이다. 이와 같아서는 우리 중국국민당의 민족주의가 성공할 수 없다. 따라서 우리 중국국민당은 민족주의에 대해서도 공적을 쌓아야 하며 이를 위해서 만, 몽골, 회, 티베트를 우리 한족에 동화시켜 하나의 커다란 민족주의 국가가 되어야만 한다. …… 오늘날 민족주의를 말하자면 5족을 함께 논하는 것은 불가능하다. 한족의 민족주의를 논해야 한다. …… 한족을 중심으로 이러한 것들을 우리들에게 동화시켜 …… 한족을 중화민족으로 고쳐서 완전한 민족국가를 조직한다. 「在中國國民黨本部特設駐奧辦事處的演說」, 1921년 3월 6일

현재 만주족이 제거되었다고 해도 중화민국이라는 국가는 아직 반독립국가의 상태를 면하지 못하고 있다. 이른바 '5족 공화'는 사실상 사람을 기만하는 표현이다! 생각해보면 티베트, 몽골, 회, 만의 민족들은 모두 자위능력을 갖추지 못하고 있다. 대민족주의(大民族主義)를 더욱 진작시켜 티베트, 몽골, 회, 만의 민족들을 우리 한족에 동화시키고 이를 토대로 최대 규모의 민족국가를 건설하는 것은 한인의 자결과 직결되어 있는 것이다. 「在桂林對演贛奧軍的演說」, 1921년 12월 10일.

'5족 공화'는 궤변이라고 하면서 공식적으로 '5족 공화'의 포기를 천명하고 있다. 그리고 이를 대신하여 한족에 의한 이민

족의 '동화'를 제기하고 있는 것이다. 쑨원의 이러한 관점은 전통적인 '화이지변'의 논리에서 한 걸음 더 발전된 것이다. '자위능력을 갖추지 못한' 약소민족을 배척하는 것이 아니라 그들을 우수한 한족 쪽으로 '동화'시키는 것을 통해 '5족 공화'가 아닌 '중화민족'의 형성을 실현해야 한다고 주장한다. 이는 '민족우열차별주의'의 발로에 다름 아니다.

쑨원의 『건국방략』

동화정책은 단순히 티베트, 몽골, 회, 만주 민족의 열악한 자위능력, 문화적 및 경제적 능력을 제고시켜 한족의 수준으로 향상시키는 것을 의미하는 것이 아니다. 여기서 말하는 '동화'란 언급된 변강의 이민족 지역에 한족을 보내는 식민정책을 의미했다.

1919년부터 쑨원은 경제발전 계획이 반영된 '건국방략(建國方略)'을 발표하기 시작했다. 여기에서도 '몽골과 신장 지역에 대한 식민'을 주장했다. 중국의 경제발전을 주장한 내용 중에 쑨원은 몽골과 신장을 향한 철도망의 정비계획을 제안했다. 이를 실현하여 동 지역에 한족을 적극적으로 이주시키려는 의도를 갖고 있었던 것이다. 물론 명목상으로 몽골과 신장 지역에 대한 제패(制覇)를 내세우지는 않았다. 이들 변강지역에는 수많은 광물 자원이 지하에 매장되어 있으며, 이것은 산업개발을 목적으로 하는 것으로서 '국민의 수요'에 부응하는 길이라고 주장했다.

> 몽골과 신장에 대한 식민은 철도계획을 보조하는 것이다. ······ 이민자의 수는 1,000만 명으로 하고 인구가 많은 성(省)에서 서북 지역으로 이주시켜 풍부한 천연자원을 개발한다면 상업적 활동을 통한 이익이 대단히 확대될 것이다. 「建國方略之二 實業計劃〈物質建設〉」, 1919년

경제발전이라는 미명 아래 인구가 적은 변강지역으로 한족의 이주를 추진하여 그곳을 '한화(漢化)'시키는 구상인 것이다. 현실적으로 한족의 인구가 폭발적으로 증가하자 몽골족이나 티베트족이 거주하는 지역으로 한족이 이주했다. 현재 내몽골 자치구는 한족이 최대의 인구 비율을 점유하고 있으며 몽골족은 이미 소수파로 전락했다.

쑨원은 '동화'정책을 정당화하기 위해 '중화민족'이라는 새로운 개념을 제시했다. 한족과 한족에 의해 '동화'된 소수민족

을 총칭하여 '중화민족'이라고 부르자는 새로운 제안이다. '한족'이라는 명칭을 없애고 모두가 융합된 형태의 단일 민족 개념인 '중화민족'이라는 명칭을 사용한 것이다. 어떤 의미에서 이는 '화이지변'의 논리와 '대일통'의 틀 사이의 절충안으로 볼 수 있다. 우수한 한족과 무능한 이민족을 구별하면서 이를 배척하는 것이 아니라 무능한 이민족의 주체성을 부정하고 이를 해체시키면서 한족을 중심으로 '동화'시켜 결국 '사해 안은 모두 형제'라는 틀 속에서 '중화민족'에 의한 '대일통'을 지향했기 때문이다. 환언하자면 이는 실질적인 의미에서 '대한족주의(大漢族主義)'의 다른 표현인 것이다.

어쨌든 매우 쑨원다운 발상이다. 그의 사상은 일관되게 우민관(愚民觀)을 견지했다. 인간을 '선지선각(先知先覺)', '후지후각(後知後覺)', '부지불각(不知不覺)'으로 분류하고 '선지선각'의 유능한 '현인'과 '부지불각'의 무능한 '우민'으로 구분하여 모든 정치적 권리를 유능한 '현인'에게 위임하는 것을 이상으로 삼았다. 이것이 구현되는 것이 바로 국민당 독재하의 훈정(訓政)이다. 마찬가지로 '자위능력을 보유하지 못하고 있는' 무능력한 이민족과 유능한 한족을 구분 짓고 오랑캐 이민족을 유능한 한족으로 동화시키고 한화(漢化)하여 한족이 천하를 지배하는 것을 이상국가(理想國家)의 실현으로 보았다. 이것은 실질적으로 '한족의 천하'였지만 이와 같은 노골적인 표현을 지양하여 '동화'라는 미묘한 표현(이러한 표현 자체가 약소민족의 주체성을 훼손하고 있지만)을 통해 '중화민족'이라는 새로운 개념을 창안하여 새로운 '대일통'적 세계를 구축한 것이다.

이러한 배경에는 외몽골의 독립과 티베트의 독립 지향이라는 현실 앞에서 중화제국의 본질적인 성격이 와해될 수 있다는 위기의식이 크게 작용했을 것이다.

4. 외몽골의 독립과 티베트

중화세계의 변강민족들 가운데 독자적인 역사와 문화를 갖고 있는 대표적인 민족은 몽골족과 티베트족이다. 대영웅 칭기즈 칸을 배출한 몽골족은 몽골제국을 수립하고 중국에 원(元)왕조를 창시한 유목민족이다. 티베트족은 살아 있는 부처 달라이 라마의 지도 아래 독자적인 티베트 불교와 티베트 문화를 만들어낸 고원지대에 거주하는 민족이다. 이 두 민족은 모두 티베트 불교를 신앙으로 하고 있다는 공통점을 갖고 있다.

그러나 청 왕조 시대에는 만주족 왕조의 지배 아래 중화제국의 판도에 편입되고 몽골, 칭하이, 신장, 티베트는 '번부'로 구분되어 이번원(理藩院)의 통솔을 받았다. '번부' 지역에는 중국 베이징에서 장군, 도통(都統), 대신 등이 파견되어 여러 민족들에 대한 감시를 행했다. 이적(夷狄)인 만주족이 동일한 이적(夷狄)인 몽골이나 티베트를 지배했던 것이다.

신해혁명에 의해 청 왕조의 지배가 종식되자 이들 변강지역의 민족들은 만주족의 지배로부터 벗어나 독립을 추구했다. 한족에게 독립이 광복혁명이라면, 몽골이나 티베트에게도 독립은 광복혁명을 의미했다. 그런데 이러한 광복혁명이 계속 이어지게 된다면 '대일통'으로서의 중화제국은 분열되고 결국 제국은 붕괴의 위기를 맞이하게 된다.

신해혁명은 20세기의 민족혁명이며 세계적 조류로서 국민국가의 건설을 지향한 혁명이기도 했다. 다민족으로 구성된 오래된 제국을 근대적인 국민국가로 다시 만들어 통일적으로 재편할 것인가 아니면 중화제국을 해체시키고 각각의 민족으로 나누어 각각의 국민국가를 새롭게 건국할 것인가? 이와 같은 양자택일의 상황에 직면하게 되었다.

혁명파가 주장하는 '화이지변'의 논리에 의하면 한족이 만주족으로부터 독립하여 중화를 회복하는 것과 마찬가지로 만주족 왕조에 의해 지배를 받았던 다른 이민족들도 만주족으로부터 독립을 이루어 독자적인 국가를 건설하는 것이 용인된다.

신해혁명의 발발은 몽골이나 티베트에게도 광복혁명을 통해 독립을 이룰 수 있는 기회였다. 이에 따라 독립선언이 실제로 행해졌다. 1911년 12월 29일, 몽골에서는 하르하 왕공(王公)들이 티베트인으로 몽골의 살아 있는 부처로 불린 제프슨단바 8세를 원수로 삼아 청 왕조로부터 독립을 했다. 이렇게 되자 청 왕조에서 쿠룬(庫倫, 현재의 울란바토르) 지역을 담당하는 대신으로 파견한 산도(三多)는 도주했고, 보그드 칸을 황제로 하는 몽골국이 탄생했다.

몽골연구자 나카미 다테오(中見立夫)는 그의 저서 『몽골의 독립과 국제관계(モンゴルの獨立と國際關係)』를 통해 "(독립은) 몽골 측의 입장에서 보았을 때 대청제국(大淸帝國)은 '중화제국'이 아닌 바로 만주족 황제에 의한 지배체제였으며, 또한 청 왕조와의 관계는 만주족 황제와의 관계만으로 인식되었음을 보여주는 것이다. 무엇보다 몽골인 사이에서 '중국'이라는 개념은 전혀 없었다. 이에 따라 '중화제국'으로 재편되는 움직임에 저항하여 청 왕조가 소멸하게 되자 즉시 독립을 위한 길을 모색했던 것이다"라고 지적하고 있다.

독립을 선언한 몽골이지만 독자적인 힘으로 독립을 유지하는 것은 어려웠으며 제정(帝政) 러시아를 향해 지원을 요청했다. 몽골은 안팎을 포함한 전체 몽골의 독립을 추구했지만 내몽골의 권익을 보유하고 있던 일본과의 밀약에 의해 러시아는 외몽골 지역만의 독립을 지지하는 데 멈추게 되었다. 이뿐만 아니라 러시아는 몽골 문제가 국제적 분쟁이 되는 것을 우려하여 몽골을 완충지대로 한정시켰다. 이러한 맥락에서 1912년 11월 3일 체결된 '러-몽협약'을 통해 몽골의 독립선언은 자치선언으로 그 위상이 격하되었다.

1. 러시아정부는 몽골이 이미 완성시킨 자치질서를 유지하며 몽골의 국군을 훈련시키고 중국군이 몽골 변경으로 침입하는 것 혹은 중국인이 몽골의 땅으로 들어오는 것을 허락하지 않는 권리를 수호한다.
2. 몽골 왕 및 몽골정부는 러시아 인민 및 러시아의 상업활동이 이전에 몽골 영내에서 누렸던 권리를 인정한다. 「俄蒙協約」.

몽골이 독립선언을 했을 당시에 중화민국 임시대총통이었던 쑨원은 대청제국의 기존 판도를 유지하는 중화민국을 세우기 위해 '5족 공화'의 기치 아래 몽골의 각 왕공(王公)들에게 다음과 같은 전문을 보냈다.

한족과 몽골족은 무엇보다 동일한 인종에 속한다. 인권은 천부적인 것이며, 모두 함께 단결하여 행복을 구현하자. …… 러시아인은 야심으로 가득차서 침략의 기회를 노리고 있다. 몽골을 둘러싼 정세는 현재 확실히 위기에 처해 있다. 「致貢桑諾爾布等蒙古各王公電」, 1912년 1월 28일.

또한 쑨원은 '러-몽협약'에 관해서도 위안스카이나 참의원에 대해 반대 의사를 아래와 같이 분명히 전했다.

정부가 '러-몽 협약'이 무효화되도록 노력하지 않으면 안 된다. 이것은 민국의 존망에 관계된 중대한 사안이다. 「民立報」, 1912년 11월 24일.

그러나 신해혁명으로 혼란에 빠진 중화민국 정부는 러시아의 영향력 아래에 있던 몽골의 정세를 통제할 능력이 없었다. 1913년 11월, 국제적으로 정통성을 인정을 받고 있던 위안스카이 정권은 결국 몽골에 대해 아래와 같은 내용을 담고 있는 '중-러 성명'에 서명했다.

1. 러시아는 외몽골에 대한 중국의 종주권을 승인한다.
2. 중국은 외몽골의 자치권을 승인한다. 「中俄聲明」, 1913년 11월 5일.

러시아는 외몽골에 대한 중화민국의 종주권을 인정하는 한편, 중국도 외몽골의 자치권을 인정했다. 외몽골의 완전한 독립은 저지되었지만 러시아가 몽골의 자치를 보장하고 군대를 훈련할 수 있게 되었다. 러시아가 몽골의 보호국화에 성공을 거둔 것이다. 물론 독립을 인정받지 못한 몽골은 이에 저항했지만 9개월간 난항을 거듭했던 캬흐타 회의를 통해 협의하여 1915년 6월 '중-러-몽 협약'이 체결되었다.

> 외몽골은 중국의 종주권을 승인한다. 중국과 러시아 양국은 외몽골의 자치와 외몽골이 중국 영토의 일부라는 것을 승인한다.
> 「中俄蒙協約」, 1915년 6월 7일.

그러나 1917년 러시아 혁명이 발발하자 상황은 일변했다. 제정 러시아의 지원을 잃게 된 몽골의 울란바토르에 뚜안치루이(段祺瑞)의 부하 쉬수정(徐樹錚)이 이끄는 군대가 진군했고, 1919년 11월 22일 중화민국 대총통령에 의해 몽골의 자치철폐와 '중-러-몽 협약'의 파기가 공표되었다.

그러나 이후 혁명 러시아의 지원 아래 몽골인민당이 탄생했고, 몽골 의용군은 소비에트 적군(赤軍)의 협력 속에 1924년 11월 몽골인민공화국을 수립하여 외몽골은 염원해온 완전한 독립을 달성했다. 하지만 이는 소련의 위성국가로서 몽골이 걸어야 할 새로운 운명의 시작이었다.

몽골에서는 '대일통'의 일각이 완전히 무너졌지만 티베트의 독립은 이에 비해 순조롭지 못했고 좌절을 겪게 된다. 영국은 인도를 제압한 이후 그 총구를 티베트로 향하여 1888년 '제1차 무장침략'을 행한 이래 티베트에 대한 권익보호를 위해 분주하게 된다. 1904년 봄, 영국군은 티베트로 재차 진군했고, 같은 해 8월에 라싸를 제압했다. 이른바 제2차 무장침략이다. 이로 인해 달라이 라마 13세는 칭하이(靑海) 지역으로 탈출했으며, 9월 7일에 일명 라싸 조약으로 일컬어지는 '영국-티베트 조약'이 체결되었다. 이후 1908년경 영국군이 철수하자 그 다음 해 달라이 라마는 라싸로 되돌아왔다.

이번에는 신해혁명이 발발하기 1년 전인 1910년경 청 왕조가 자오얼펑(趙爾豊)이 이끄는 군대를 티베트로 진군시키고 달라이 라마를 강제로 폐위시켰다. 달라이 라마는 부탄을 경유하여 인도로 망명한다. 티베트 측의 입장에서 보자면 '1910년의 침략'이다. 티베트는 영국에게 침략을 받고 중국에게 침략을 받았으며, 매번 달라이 라마는 망명할 수밖에 없는 상황이 벌어졌다. 강대국의 야욕에 의해 국가가 전복되는 약소국의 비극을 반복한 것이다.

신해혁명이 발발하자 티베트는 소란 상태에 빠졌다. 우선 궐기한 것은 티베트에 주둔하고 있던 쓰촨성(四川省) 병사들 가운데 만주족 왕조의 지배에 저항했던 비밀결사 조직의 하나인 가로회(哥老會) 소속 병사들이었다. 이어서 티베트 군대에 의해 청 왕조의 주둔군이 격파되었다.

중화민국이 탄생하자 위안스카이 임시대총통은 과거의 청 왕조 지배가 티베트나 몽골에 대해 '압정(壓政)'을 폈다는 것을 인정하고 다음과 같이 호소했다.

> 현재 정치체제는 개혁을 이루어 5대 민족으로 구성된 공화를 성취하고 하나로 평등해졌다. 본 대총통은 굳은 결의로 서약한다. 모든 낡은 악폐를 변혁시키고 몽골과 티베트에 대해서는 해당 지역 민중의 기분을 우선적으로 고려하고 치안을 유지하도록 하겠다. 「勸諭蒙藏令」, 1912년 3월 25일.

위안스카이는 '5족 공화'의 입장에서 티베트를 중화민족의 영역으로 논하며 독립을 만류했다. 이에 따라 그는 서장판사장관(西藏辦事長官)을 티베트의 행정관으로 임명했다. 또한 쓰촨성 도독이나 윈난성(雲南省) 도독을 중심으로 한 티베트 '반란'을 토벌하기 위해 군대를 파병했다. 이러한 이유로 영국은 토벌군이 티베트에 진입하게 될 것을 우려했다. 그래서 이 당시 "영국은 인도에 머물고 있던 달라이 라마 13세를 이용해 티베트 상층부의 반동분자를 적극적으로 책동하여 '티베트 독립'을 위한 분열활동을 획책했던 것이다"〔저우웨이저우(周偉洲) 엮음, 『영국, 러시아와 중국의 티베트(英國俄國與中國西藏)』〕. 영국의 책동에 의해 피해를 입었다는 해석은 중국의 관점에서 제기된 것이지만 달라이 라마는 1912년 6월 망명지였던 인도에서 티베트의 라싸로 되돌아왔다. 그리고 그는 티베트 '독립'을 다음과 같이 선언했다.

> 청 왕조는 무너졌다. 이에 큰 힘을 얻게 된 티베트인은 티베트 중앙의 영도 아래 중국인을 추방했다. 달라이 라마로서 나 역시 정당한 권리를 보유하고 있는 이 신성한 나라 티베트에 무사하게 귀환해 현재 동티베트 지역의 둬간(朶甘)을 중심으로 중국인 잔류병을 소탕하고 있다. 지금 '시주와 라마' 관계를 구실로 삼아 티베트를 식민지화하려는 중국인의 계획은 공허한 무지개처럼 사라져 가고 있다. 샤캅파(Tsepon W. D. Shakabpa), 『티베트 정치사(Tibet: A Political History)』.

이를 통해서 '황제 만주족과 신하 한족'의 관계를 거부한 '화이지변'의 논리에 가까운 티베트족의 민족감정을 살펴볼 수 있다. 이는 '한족 시주'와 '티베트족 라마'의 관계를 청산하고자 하는 티베트 판 '화이지변'의 논리에 다름 아닌 것이다.

그러나 몽골과 마찬가지로 티베트 한 나라만으로 중국의 막강한 군사공세에 버티는 것은 불가능했다. 결국 티베트는 티베트와 중국에 대해 막대한 권익을 보유하고 있던 영국의 개입에 의지하지 않을 수 없었다. 이와 같은 배경 속에서 1913년 10월부터 인도 심라(Simla)에서 티베트 문제를 둘러싼 티베트, 중국, 영국의 3자회의가 시작되었다. 3개국 각국의 국가이익이 충돌했고 동 회의는 커다란 싸움터가 되었다. 티베트의 요구를 정리하면 아래와 같다(이하의 교섭 과정은 劉彦, 『中國近時外交史』에 따른 것이다).

- 중국은 티베트의 자주를 승인하여 티베트에 군대를 진주시키지 않는다.
- 티베트의 모든 내정·외교는 금후 중국의 간섭을 받지 않는다.

중국의 요구 사항은 이와 달랐다.

- 티베트의 행정은 중국 주(駐)티베트 판사관을 통해 관리한다.

영국은 티베트의 자치권과 티베트에 자국 병사를 주둔시킬 수 있는 권리를 주장했다.

- 중국은 티베트의 완전한 자치권을 승인하고 성(省)으로 삼지 않는다.
- 중국은 라마의 판사관와 호위병을 제외하고 티베트에 여타의 군대를 주둔시키지 않는다.
- 티베트 내정은 영국정부가 장기간 감독하고 영국은 라싸에 군사를 주둔시킬 수 있다.

상호의 주장에는 대단한 차이가 있었다. 교섭의 과정에서 중국은 티베트를 몽골과 같이 외티베트와 내티베트로 구분하여 외티베트의 자주권에 대해서는 양보했다. 내티베트는 중국의 관리 아래 두려고 한 것이다.

> 중국정부와 영국정부는 티베트가 중국의 종주권 아래에 속해 있음을 인정한다. 또한 외티베트가 자주권을 갖는 것을 승인한다. …… 외티베트의 내정은 라마정부에 의해 관리한다. 중국정부와 영국정부는 일체 간섭하지 않는다. 티베트를 성(省)으로 삼지 않는다. 티베트는 중국의 의회나 이와 유사한 단체에 대표를 파견하

지 않는다. 영국정부는 티베트의 그 어떤 영토도 병합하지 않는다. 중국정부는 영국정부가 티베트에 대해 특별한 이익을 갖고 있다는 것을 인정한다.

최종적으로 중국 대표가 인도 심라에서 조인한 것은 티베트도 승인을 했던 영국정부의 수정안이었다.

1. 체약국은 티베트를 중국의 일부분으로 인정한다.
2. 달라이 라마가 선거를 통해 선출된 이후 티베트정부는 중국정부에 대해 이를 보고하고 중국정부는 이를 달라이 라마로서 책봉한다. 중국의 주(駐)라싸 장관이 이것을 정식으로 수여한다.
3. 외티베트의 관리는 티베트정부가 파견한다.

일면 중국의 자존심을 세워주면서 실질적으로는 티베트의 독립을 실현하고자 한 것이다. 그러나 중국 대표가 베이징 정부에 대해 최종적인 승인과 관련된 의견을 구했을 때 베이징 정부는 '인도 심라 협정'의 조인을 인가하지 않았다. 이렇게 하여 교섭은 중단된다. 그러나 티베트와 영국은 1914년 7월 바로 관련 협정을 체결했다. 그 이듬해 위안스카이 정권은 일본으로부터 '중국에 대한 21개조(對華二十一箇條)'의 요구에 대응하기 위해 분주하게 되어 티베트를 '대일통'의 틀 속에서 중국에 편입하는 일에 더 이상 집중할 수 없게 되었다.

제4장

코민테른, 공산당과 국민당의 투쟁

민족자결과 중화사상

  1920년대에 접어들자 중국에서는 국민혁명으로 일컬어지는 새로운 성격의 혁명운동이 등장했다. 신해혁명과 국민혁명의 차이점은 이민족 왕조인 청 왕조를 타도한 광복혁명과 달리 제국주의 열강에 의한 중국 지배에 반대하는 반제국주의 혁명이라는 점이다.

  이와 같은 성격상의 차이는 혁명을 추진하는 주체가 다른 것을 의미했다. 신해혁명을 지도했던 쑨원 등 혁명파는 중국국민당을 조직하여 계속적으로 국민혁명을 기치로 내건 반제국주의 투쟁을 전개했다. 그런데 신해혁명과 결정적으로 달랐던 점은 1917년 발발한 러시아 혁명의 영향 아래 마르크스주의가 중국에 새롭게 유입되어 중국공산당이 조직되면서 공산당이

만년의 쑨원

반제국주의 투쟁의 중요한 일익을 담당하기 시작했다는 사실이다. 이른바 새로운 정치 세력의 등장인 것이다.

당시 공산당 혁명은 1917년 혁명이 성공을 거둔 이후 러시아(소련)를 중심으로 한 세계공산주의 운동의 사령탑으로서 제3인터내셔널 혹은 중국어로 공산국제(共産國際)라고 표기되는 코민테른에 의해 주도되었다. 물론 1921년 천두시우(陳獨秀)의 지도하에 결성된 중국공산당 역시 코민테른의 전면적인 지도 아래에 있었다.

기존의 국민당과 새롭게 성립된 공산당은 그 이념, 강령, 그리고 계급기반에서 서로 달랐다. 쑨원의 국민당은 베이징을 지배하고 있던 군벌정권에 대항하기 위해 화남(華南) 지역에 지방정권을 세웠다. 그러나 이후 정치적으로 고립될 것을 우려한 쑨원은 코민테른을 지도하는 소련과 제휴를 맺고 원조를 얻어 군벌정권을 타도하고 제국주의 열강을 축출하는 '민족·민주' 혁명을 추진하고자 했다. 이와 같은 맥락에서 코민테른 산하의 중국공산당과 협력하여 국민당과 공산당 사이의 연합전선 혹은 통일전선인 이른바 '국공합작(國共合作)'이 실현되었다.

코민테른은 세계혁명의 관점에서 중국의 혁명, 즉 국민혁명(國民革命)을 지도하려 했다. 즉, 사회주의 혁명을 표방하는 코민테른은 이에 반대하는 자본주의 진영의 제국주의 열강과 투쟁을 벌여야 했는데, 중국에 대한 제국주의 열강의 지배를 반대하는 쑨원 등의 민족혁명 세력을 자기 진영의 일부로 간주했다.

쑨원의 민족주의와 코민테른의 민족주의 사이에는 엄청난 차이점이 존재했지만, 코민테른으로부터의 원조가 필요했던 쑨원은 코민테른이 주장하는 민족 개념에 영향을 받지 않을 수 없었다. 그렇지만 쑨원과 코민테른은 서로 다른 의견으로 인한 상호 간의 불화가 표출되었다. 신해혁명의 기회를 이용하여 독립을 달성한 몽골은 러시아(이후 소련)의 절대적인 비호 속에서 독립을 유지했다. 중국과 소련은 긴 국경선을 사이에 두고 접해 있지만 그 대부분이 만주 지역인 동삼성, 몽골, 그리고 신장 지역이다. 이는 전통적인 개념으로 볼 때는 번부에 속하며 따라서 이적(夷狄)이 존재하는 지역이다. 당시는 제정 러시아가 절대적인 영향력을 갖고 있었던 시기이기도 했다. 쑨원이 협력 상대로 선택한 코민테른은 이러한 미묘한 관계를 내포하고 있었다.

1. 공산당의 민족정책

서구 계몽주의자에서 마르크스주의자로 변신한 천두시우의 지도하에 결성된 중국공산당은 초기에는 마르크스주의에 매우 충실했다. 제국주의에 의해 지배받고 있는 여러 민족의 해방을 제창한 마르크스주의는 서구 제국주의 열강의 압제로부터의 해방을 주장했다. 따라서 그것은 한족의 해방뿐만 아니라 중화에 의해 지배받고 있던 이적(夷狄)의 해방, 즉 한족의 지배를 받아온 소수민족의 해방을 요구하는 것 또한 의미한다. 이는 전통적인 '대일통'의 관점과 모순되는 것일 뿐만 아니라 쑨원이 제창한 민족 '동화'정책을 통한 '중화민족'의 형성과도 매우 상이한 것이었다. 실제로 '국공합작'은 '동상이몽(同床異夢)'이자 '오월동주(吳越同舟)'에 불과했다.

이는 전통적인 '화이지변'의 논리와도 큰 차이점이 있지만, 결과적으로 중국은 한족(漢族)의 국가라는 점을 강조하면서 변강지역인 티베트, 몽골, 신장 등의 이민족 지역에서 각 민족이 민족국가를 수립하는 민족자립과 민족독립을 용인하고 있다는 점에서 '화이지변'의 새로운 변형으로 볼 수 있다.

1922년 7월에 열린 중국공산당 제2차 전국대표대회(2전대회)에서 채택되어 공표된 '선언'은 다음과 같은 내용을 담고 있다.

......

③ 동삼성 지역을 포함한 중국 본부(本部)를 통일하여 진정한 민주공화국을 세운다.

④ 몽골, 티베트, 회강(回疆, 현재의 신장) 세 지역은 자치를 실행하고 민주자치방(民主自治邦)으로 한다.

⑤ 자유연방제의 원칙 아래 통일된 몽골, 티베트, 회강과 연합하여 중화연방공화국(中華聯邦共和國)을 건립한다. 「中國共產黨第二次全國代表大會宣言」, 1922년 7월.

구(舊)중화제국의 판도는 '중화연방공화국'이라는 통일된 연방국가로서 수립되지만 '자유연방제'로서의 존재 형태를 취한다는 내용이다. '자유연방제' 아래에서 몽골, 티베트, 회강은 자유의지에 따라 연방을 구성하게 되는 것으로 여기에는 연방에 자유롭게 참가할 수도 탈퇴할 수도 있다는 의미가 내포되어 있다.

이것은 중국공산당이 장시성(江西省) 루이진(瑞金)에 세운 지방정권인 '중화소비에트공화국'에 의해 1931년 11월경 제정된 「중화소비에트공화국 헌법대강」에서도 명확하고 이해하기 쉽게 아래와 같이 언급되고 있다.

……

④ 소비에트 정권의 영역 내의 …… 종족〔한족, 만주족, 몽골족, 회족, 티베트족, 묘족, 여족(黎族)과 중국의 타이완, 고려(조선), 안남(베트남) 사람 등〕은 …… 소비에트 법률 아래 일률적으로 평등하다.

……

⑭ 중국소비에트 정권은 중국 영내 소수민족의 민족자결권을 인정한다. …… 몽골족, 회족, 티베트족, 묘족, 여족(黎族), 고려인(조선인) 등 모든 중국 영내에 거주하는 이들은 완전한 자결권, 즉 중국소비에트연방에 가입하고 이탈하거나 혹은 자신의 자치구역을 세울 수 있는 권리를 갖는다. 「中華蘇維埃共和國憲法大綱」, 1931년 11월 7일.

여기에서 말하는 '자치'란 현재의 중국공산당이 '자치구(自治區)'로 표현하고 있는 자치 개념이 아니라 중국으로부터 독립할 권리를 갖는다는 의미의 '자치'이다. 이러한 설명을 통해 중국공산당이 추구했던 바를 충분히 파악할 수 있다. 이것은 확실히 연방제를 실행하고 있던 소련, 즉 소비에트사회주의공화국연방을 참고했던 것이다. 중국과 함께하는 연방국가로서 참가해도 좋고 참가하지 않아도 좋으며, 참가한 이후에 원하지 않으면 이탈해도 된다는 대단히 유연한 형태의 연방제인 것이다.

1922년에 개최된 중국공산당 제2차 전국대표대회 당시 중국공산당 당원들은 모스크바로부터 필사적으로 마르크스주의 이론을 배웠다. 중국공산당 창설자의 한 사람이자 사회경제학자로서도 저명한 리다(李達)의 회상에 따르면, 제2차 전국대표대회에서 소련으로부터 하달된 영문 타이프로 작성된 선전 문구를 목숨을 걸고 습득해가며 국제정세와 국내정세에 대해 토론을 벌였다고 한다. '자유연방제'에 대한 발상도 코민테른으로부터 배웠을 것이다.

그런데 몽골 문제는 이미 심각한 상황이었다. 몽골의 독립은 몽골의 후견국인 소련의 국가이익과도 연계되어 있었기 때문이다. 코민테른의 지원 아래 탄생한 중국공산당도 이에 대해 매우 고뇌했을 것이다. 당시 중국공산당은 몽골 문제에 대해 다음과 같이 논했다.

> 국가를 조직하는 원칙에서 무릇 경제상황이 다르고 민족의 역사가 다르며 언어가 다른 인민은 기껏 해봐야 자유연방제를 택할 수밖에 없으며, (중국에) 단일국가의 정치제도를 적용하는 것은 대단히 어려운 일이다. 중국의 정치적 현실을 감안했을 때 우리는 민족자결의 정신을 더욱 존중해야만 한다. …… 따라서 우리는 몽

골의 독립을 소극적으로 인정해야 할 뿐만 아니라 또한 그들이 (몽골의) 왕공(王公) 및 상층 라마의 특권층을 타도하고 경제적·문화적 토대를 창출하여 몽골 인민의 진정한 독립자치를 달성할 수 있는 객관적 가능성을 확보할 수 있도록 적극적으로 도와야 한다.「中國共產黨對於目前實際問題之計劃」, 1923년.*

몽골의 독립을 '소극적으로 인정'하고 있다는 점이 대단히 미묘하다. 또한 '몽골 인민의 진정한 독립'이란 몽골의 지배계급인 왕공(王公)이나 라마로부터의 독립인가 아니면 중국으로부터의 독립인가의 여부가 모호하다. 그러나 중국공산당 제2차 전국대표대회에서 언급된 '몽골'은 독립하지 않은 내몽골을 지칭하고 있는 것은 확실하다. 외몽골은 '자유연방제'의 적용대상 밖의 존재였을 것이다. 만약 소련의 의사를 거스르며 외몽골을 중국의 '자유연방'에 편입시키려 했다면 그 결과는 어떻게 되었을까? 당시 소련의 압도적 영향 아래 있었던 중국공산당

---

*「中國共產黨對於目前實際問題之計劃」은 1923년이 아닌 1922년 11월에 발표된 것으로 중문 원고에는 발표 시기와 저자의 이름이 명시되어 있지 않다. 러시아어 원고와 영어 원고에는 모두 마지막 부분에 "1922년 모스크바에서 천두시우"라고 기재되어 있으며, 제목은 '중국공산당 현재의 책략'으로 표기되어 있다. 中央檔案館編, 『中共中央文件選集』第一冊, 1921~1925年(北京: 中共中央黨校出版社, 1989年), pp.119~125.

은 그와 같은 자유의지를 과도하게 표현할 수 없었을 것이다.

다만 중국공산당 지도자인 천두시우는 '신문화 운동' 시대에 전통적 권위로부터의 '개인의 독립'과 '개성의 확립'을 제창했기 때문에 그 연장선에서 약자의 입장에 서 있던 소수민족의 '민족 독립'에 별로 저항감은 갖지 않았을 것이다.

2. 쑨원 및 국민당의 견해

쑨원의 권력기반은 불안정했다. 제2차 혁명에 실패하여 일본으로 망명했던 쑨원은 그곳에서 중화혁명당을 조직하여 재차 군벌타도를 목표로 하는 혁명운동을 재개했다. 1917년 8월경 베이징의 북양군벌(北洋軍閥)에 반대하여 전(前) 국회의원들과 서남(西南) 지역 군벌세력이 광둥(廣東) 광저우(廣州)에 '호법정부(護法政府)'를 수립하여 제1차 광둥 군정부(廣東軍政府)가 시작된다. 이 과정에서 쑨원은 대원수로 추대되었는데 비록 지방정권에 불과했지만 쑨원은 5년 만에 다시 권력의 보좌로 귀환했다. 그렇지만 다음 해 5월경 다시 그 자리에서 쫓겨났다. 그 이후 쑨원은 상하이로 이동하여 정치적 재기를 노리던 중, 1920년 10월경 그의 부하인 천지옹밍(陳炯明)이 이끄는 부대가

천지용밍

광저우를 탈환하자 다시 광저우로 돌아가 제2차 광둥 군정부를 세운다. 그러던 중 1922년 6월에 이번에는 천지용밍이 순식간에 반란을 일으켜 쑨원은 다시 상하이로 퇴각했다. 다음 해 1월 천지용밍이 패주하자 쑨원은 세 번째로 광저우로 귀환하여 제3차 광둥 군정부를 수립했다.

이 기간 중 쑨원은 1919년 중화혁명당을 중국국민당으로 개조했고, 1924년에는 이제 막 세상에 출현했을 뿐인 중국공산당과 손을 잡고 국공합작을 실현시켰다. 이것은 두 말할 필요도 없이 소련의 코민테른과 제휴하는 노선을 선택했기 때문에 이루어진 일이었다. 안정된 권력기반을 갖고 있지 못했던 쑨원은 결국 외국으로부터 군사적 지원을 받는 것을 희망했으며, 이 과정에서 새롭게 선택한 파트너가 바로 코민테른이었다. 코민테른은 제국주의를 타도하기 위한 세계혁명을 추구했고, 중국에서 반제국주의를 지향하는 민족혁명당을 협력자로서 찾고 있었기 때문에 양자의 의도가 합치했던 것이다.

그렇지만 코민테른 및 중국공산당과의 협력으로 마르크스주의적 민족정책의 영향을 받을 수밖에 없었다. 이것은 쑨원이 주장해온 '대한족주의(大漢族主義)'와 모순되는 것이었다. 코민테른은 국민당을 지원하는 대신 자신들의 민족정책을 따를 것을 강요했다. 1923년 11월, 코민테른 집행위원회는 「중국민족해방운동과 국민당 문제에 관한 결의」를 채택했다. 쑨원에게는 미묘한 의미를 갖는 결의였다.

> 중국의 민족운동은 제국주의로부터 속박을 당하고 있는 중국 각 소수민족의 혁명운동과 협력하며 진행되고 있다. 국민당은 중국 영내의 각 민족은 모두 평등하다는 원칙을 공포하고 그와 같은 의사를 전해야 하지만 중국의 정부가 파견한 관리(官吏)에 의해 장기간 압박을 받아온 소수민족은 국민당의 그와 같은 선언에 회의적인 태도를 보이고 있다. …… 국민당은 국내 각 민족의 민족자결 원칙에 근거하여 외국의 제국주의에 반대한다는 것을 공약(公約)으로 선포해야 한다. 본국에서 봉건주의와 군벌제도를 타도하는 중국혁명이 승리를 거둔 이후, 이 원칙에 따라 기존의 중화제국을 구성하고 있던 각 민족에 의해 구성되는 자유로운 중화연방공화국을 실현할 수 있다. 「共產國際執行委員會主席團關於中國民族解放運動和國民黨問題的決議」, 1923년 11월 28일.

여기에서 코민테른은 '자유로운 중화연방공화국'의 구상을 제시하고 있다. 1년 전에 중국공산당도 제2차 전국대표대회에서 자유연방제를 결의했는데, 중국공산당의 당시 구상은 확실히 코민테른의 취지에 영향을 받았던 것임을 알 수 있다. 이와 같은 코민테른의 지도에 대해 쑨원의 국민당은 어떤 태도를 취했을까? 다음 해 1월에 개최된 중국국민당 제1차 전국대표대회(1전대회)의 대회선언은 다음과 같이 호소하고 있다.

> 국민당은 엄숙하게 선언한다. 중국 내부 각 민족의 자결권을 승인한다. 제국주의와 군벌에 반대하는 혁명이 승리한 이후에 자유롭게 통일된 (각 민족이 자유롭게 연합하는) 중화민국을 조직한다. 「中國國民黨第一次全國代表大會宣言」, 1924년 1월 23일.

위의 선언을 살펴보면 중국국민당은 코민테른이 요구한 '연방공화국'의 개념을 배제하고 '자유롭게 통일된 중화민국'의 수준에 머물렀다. 이를 중국어로 표현하자면, 국민당은 단지 '자유통일적(自由統一的)'의 뒤에 괄호로 '각민족자유연합적(各民族自由聯合的)'이라는 문구를 더한 것에 불과한 것이다. 이와 같은 하나의 문구를 살펴보는 한, 쑨원은 코민테른의 요청을 받아들여 '각 민족의 자유로운 연합'이라는 개념을 수용한 것으로 보인다. 그러나 코민테른이 말하는 '각 민족에 의해 구성되는 자유로운 중화연방공화국'과 중국국민당의 '대회선언'에서 언급된 '자유롭게 통일된, 각 민족이 자유롭게 연합하는 중화민국' 사이에는 상이점이 있는가, 없는가? '통일'이 중시되었는가 아니면 '자유'가 중시되었는가? 이에 관한 설명은 아래와 같다.

신해혁명이 일어난 이후 만주족에 의한 전제(專制)는 이미 사라졌다. 따라서 국내의 여러 민족은 평등하게 결합할 수 있게 되었다. 국민당의 민족주의가 바라던 것도 바로 이것이었다. 그러나 불행하게도 중국정부에는 전제의 잔여세력인 군벌이 잔존하여 할거하고 있고 중국의 낡은 제국주의가 잿더미에서 다시 소생하려 하고 있다. 이와 같은 상황에서 국내의 각 민족은 불안정한 정세에 방치되어 소수민족은 국민당의 주장이라고 해도 성의가 없다고 의심했다. 따라서 국민당은 향후 민족주의의 요구를 관철하고 국내 각 민족을 설득하여 국민혁명 운동 중에 공통의 이익이 존재한다는 것을 확실히 제시해야 한다. 「中國國民黨第一次全國代表大會宣言」, 1924년 1월 23일.

여기서는 '평등한 결합'이 강조되고 있으며, 이를 방해하고 있는 것으로 군벌과 제국주의 열강을 지목하며 책임을 전가시키고 있다. 그런데 정작 핵심적인 사항인 '자유로운 연합'이 언급되지 않고 있다. 즉, 국내의 각 민족으로부터 '이해'를 얻지 못한다면 통일된 중화민국에 참가하지 않을 수 있는 자유도 허용될 수 있다는 해석이 가능한 것처럼도 보인다. 그렇지만 쑨원에게 그와 같은 생각은 없었던 것으로 보인다.

왜 이와 같은 문제를 제기하는가 하면 국민당의 문헌에 다양한 개념이 등장하기 때문이다. 중국국민당 제1차 전국대표대회에서 '총리(쑨원) 자신이 기초(起草)'했다고 부기(附記)하여 결의된 「국민정부 건국대강(國民政府建國大綱)」에서는 "국내의 약소민족에 대해서 정부가 지원하고 자치를 자결할 수 있다"라고 하여 '자치의 자결'이라는 표현이 사용되고 있다.

「국민정부 건국대강」에서 말하는 '약소민족'과 중국국민당 1전대회 '대회선언'에서 언급된 '각 민족'과 '여러 민족'이 동일한 것을 지칭하는가의 여부는 다소 불명확하지만, 여기에서는 '자유로운 연합'이라는 단어를 사용하지 않고 '자치의 자결'로 표현하고 있다. 코민테른이 제시한 '자유로운 연합의 연방공화국'과 '자치' 사이에는 큰 차이가 있다. 후술하는 바와 같이 쑨원이 말하는 '자치'란 통일된 국가 내부에서의 자유에 불과하다. 쑨원 자신은 후에 언급된 '연소(聯蘇)'·'용공(容共)'의 견지에서 코민테른의 자존심을 세워주며 '자유로운 연합'이라는 문구를 '대회선언'에 삽입했지만 그의 본심을 토로하고 있는 '건국대강'에서는 이것을 '자치'라는 단어로 바꾸어 넣었던 것이다.

이렇게 말하는 이유는 국민당 1전대회가 개최되었던 같은 시기에 쑨원이 연속적으로 행한 '삼민주의'에 대한 강연들 속에서도 제3장에서 살펴본 1921년 3월에 행한 연설과 동일한 내용을 언급하고 있기 때문이다. 쑨원의 입장은 결코 변하지 않았다.

> 중국의 민족에 대해 논하자면, 총인구는 4억 명으로, 그 가운데 불과 수백만 명에 불과한 몽골인, 백여만 명의 만주인, 수백만 명의 티베트인, 백 수십만 명의 회교도 투르크인이 혼재되어 존재하고 있을 뿐이다. 외래인의 총규모는 1,000만 명에 불과하다. 따라서 큰 틀에서 보자면 4억 명의 중국인은 거의 한인(漢人)이라고 해도 틀린 말이 아니다. 동일한 혈통, 같은 언어·문자, 동일한 종교, 같은 풍속과 습관을 보유하고 있는 실제로 하나의 민족이다.
> 「三民主義」, 1924년.

이를 통해 볼 때, 각 민족을 독자적인 민족으로 간주하는 개

왕징웨이

넘은 여전히 박약하다. 오히려 대한족주의(大漢族主義)에 토대를 두고 있는 '중화민족'으로 수렴되고 있다. 쑨원이 말하는 '자치'란 실제로는 코민테른이 제기한 '연방국가'에 저항하는 개념이었다. 이것은 소련의 코민테른이 감시를 위해 파견한 미하일 보로딘*과 쑨원의 측근 왕징웨이(汪精衛)가 서로 주고받은 대화를 통해서 확실하게 드러난다. 보로딘의 회상에 의하면, 1924년 1월 15일 광저우(廣州)에서 국민당 1전대회 '대회선언'의 초안과 관련하여 보로딘이 국민당 간부 후한민(胡漢民), 랴오중카이(廖仲愷), 왕징웨이와 협의를 했을 때 의견이 서로 갈렸다고 한다. 왕징웨이는 쑨원의 뜻을 받들어 다음과 같이 말했다.

> 쑨원 선생의 말씀이 뜻하시는 바는 다음과 같다. 중국은 중국 내지(內地)뿐만 아니라 티베트, 몽골, 그 밖의 소수민족 지역을 포

---

* 미하일 보로딘(Mikhail M. Borodin, 1884~1951)은 러시아의 정치가이자 코민테른의 정보책임자로서 본명은 그루젠베르크(M. M. Gruzenberg)이다.

함하는 중국의 모든 영내 지역은 모두 단독의 국가가 아니라는 것이다. 우리가 앞으로 통일된 공화국을 수립할 때 이들 지역도 다른 각 성(省)들과 동일한 지위를 갖게 된다. 왜냐하면 우리는 각 성(省)들에 대해 매우 광범위한 권리를 이양하게 될 것이기 때문이다. 중국이 필요로 하는 것은 통일국가이지 연방국가가 아니라는 것이 쑨원 선생의 인식이다. 黃修榮, 『共產國際與中國革命關係史』.

이와 같은 답변에 대해 보로딘은 티베트 혹은 몽골을 독립국가로서 연방국가에 참여시키지 않고 자치권을 보유하는 형태로 통일국가에 편입시켜버리면 해당 소수민족의 불신을 초래할 것이라고 우려했다. 그와 같은 일이 있은 지 3일 후 보로딘은 공산당 당원들만 출석한 회의에 참석하여 아래와 같이 발언했다.

최초의 의견대립은 다음과 같다. 우리는 자유로운 중화민국의 국가 내부에 소수민족의 자결권을 주는 것에 동의했다. 그러나 '통일된' 혹은 '자유로운' 중화민국이라는 제안은 연방제에 관해 코민테른이 제시한 제안에 완전히 부합하지 않는다. 그렇지만 국민당이 소수민족의 자결에 대해 동의했기 때문에 나는 우리의 제안을 끝까지 고집하지 않았다. 시간이 흘러감에 따라 국민당은 이러한 모순에 확실하게 주의를 기울이게 될 것이고, 이에 따라 통일된 혹은 자유로운 중화민국 범위 내의 자결은 더 이상 언급할 수 없게 될 것이다. 「鮑羅廷的報告」, 「鮑羅廷的札記和通報」, 1924년 2월 16일에 수록.

여기에는 중화민국이 실질적으로 지배력을 상실한 외몽골이나 티베트의 존재가 크게 부각되고 있다. 외몽골은 독립을 선언하고 러시아와 소련의 영향 아래 실질적으로 국가를 수립했다. 소련의 시각에서 보면 물론 독립을 이룬 몽골이 통일된 중국에 편입되는 것이 바람직한 일이 아니다. 코민테른은 민족자결에 국한되지 않고 연방국가 구상을 통해 독립을 이룬 몽골과 중국 사이의 관계를 설정하려고 했다. 이 때 중국공산당의 마오쩌둥(毛澤東)이 보로딘을 향해 다음과 같이 말한다.

해당 지역의 자본가들이나 미국 혹은 기타 국가들은 몽골과 그 외의 다른 지역들을 점령하려 한다. 그렇기 때문에 국민당은 그 지역들에 대해 어떤 권력을 이양할 것이며 아울러 중국의 낡은 개념 속에 이러한 지역의 민족들을 편입시키지 않을 것이라는 점을 명확하게 제시해야 할 것이다. 「鮑羅廷的報告」, 「鮑羅廷的札記和通報」, 1924년 2월 16일에 수록.

이와 같은 논의에서 확실한 것은 쑨원이 국민당 1전대회의 대회선언에 '자유롭게 통일된 (그리고 각 민족이 자유롭게 연합하는) 중화민국'이라는 문구를 삽입한 것이 결코 코민테른의 의향을 전면적으로 수용한 결과가 아니라 코민테른이 제기한 '연방제' 방안에 대해 거부 의사를 암시적인 형태로 전한 것이라는 점이다. 이러한 답변에 불만을 품었던 보로딘은 소수민족에 대해 자치권을 부여한다는 일보 발전된 정책을 국민당이 승인함에 따라 무리 없이 타협을 본 것에 불과했다.

몽골을 둘러싼 쑨원의 국민당과 소련의 코민테른 사이에 있었던 대립을 여기에서 좀 더 소개해보겠다. 쑨원은 1923년 가을 소련을 방문한 장제스(蔣介石)를 통해 허난성(河南省)을 중심으로 중원 지역을 지배하고 있던 군벌 우페이푸(吳佩孚)에 대항하기 위해 몽골의 울란바토르에서 가까운 국경지대에 국민당 군대를 조성하여 그곳으로부터 우페이푸의 군대를 공격하는 계획을 제안했다. 그리고 이 계획을 수행하기 위해 소련 측에 협력을 요청했다. 이는 몽골을 중국 영토의 일부로 간주한 발상에서 나온 것임이 명확하다.

그런데 소련은 몽골의 독립을 침해할 수 있다는 이유를 들어 거부했다. 장제스와 회담했던 레프 트로츠키*도 몽골의 독립을 시사했다. 이것을 들은 장제스는 열화와 같이 격노했다고 한

레프 트로츠키

다. 그 상황을 통역자로 참관했던 쥐치우바이(瞿秋白)는 다음과 같이 전한다.

회담 중 몽골 문제가 나오자 트로츠키가 말했다. 몽골은 독립을 희망하고 있다. 만약 귀측이 몽골과 통일전선을 수립하고자 한다면 몽골을 형제로 여겨야 하지 몽골을 지배하고자 해서는 안 된다고 했다. 회담이 끝난 이후 장제스는 매우 격노했다. 트로츠키가 장제스 등을 기만했다고 했다. 설령 몽골이 독립을 하고자 해도 우리의 승인이 필요하며 우리가 독립을 부여하는 데에서 독단적으로 독립을 스스로 승인할 수 있는 것도 아니다. 「鮑羅廷同瞿秋白的談話記錄」, 1923년 12월 16일.

소련 측에서 보면 독립한 몽골은 중국과 동등한 '형제'이며 향후 중화연방공화국의 일부로서 참가할 수 있다고 해도 단순하게 자치를 부여받는 지위로는 만족할 수 없었던 것이다. 그런

* 레프 트로츠키(Lev Trotsky, 1879.10~1940.8)는 러시아의 정치가이자 사상가, 노동운동가로서 소비에트연방의 초대 외교부 장관을 지냈다.

데 이것을 두고 중국의 주권을 침해하는 무례한 주장이라며 장제스는 분개했다. 국민당 1전대회에 출석한 몽골 대표에 대해서 쑨원은 다음과 같이 미묘한 환영의 뜻을 표했다.

> 외몽골은 민국 이래 중국을 이탈했지만 내정은 대단히 공명(公明)하다. 육군에서도 대다수의 기병을 훈련시키고 있다. 따라서 그들은 현재 하나의 독립국이다. …… 이때 (외몽골 대표인) 빠(巴) 선생이 광둥(廣東)으로 오신 의미는 몽골이 다시 중국과 연합하여 하나의 대중화민국(大中華民國)을 세우려는 데 있는 것이다. 우리는 모두 중화민국의 대민족(大民族)이다. 「歡宴國民黨各省代表及蒙古代表的演說」, 1924년 1월 20일.

독립국인 몽골이 연합한 '대중화민국'은 코민테른이 말한 연방제국가인가 아니면 국민당이 언급한 '자유롭게 통일된 중화민국'인 것인가? 보로딘과의 의견 충돌에서 판단해보면 국민당은 어쨌든 앞으로 몽골의 독립이 사라지고 중화민국으로 돌아오게 될 것을 상정하고 있다.

마츠모토 마스미(松本ますみ)는 『중국 민족정책 연구(中國民族政策の研究)』에서 다음과 같이 지적하고 있다. '자유로운 연합'이란 "계모에게 구박당해 집을 떠난 자식이 애정이 깊은 친

모에게 자연스럽게 돌아오는 것처럼 주권을 갖는 광저우 정부가 이룩한 정통성을 갖춘 중화민국을 향해 외몽골이 귀환하는 것을 말한다". 두 말할 나위 없이 정곡을 찌르는 해석이다.

제5장

장제스의
국민정부 시대

구조불변의 중화제국

쑨원이 1925년 3월에 사망하여 절대적인 카리스마를 갖고 있던 지도자를 상실하면서 국민당은 오히려 활력을 발휘하게 된다. 소련의 코민테른이나 중국공산당의 지원을 받으며 군벌세력이나 제국주의에 의한 압제를 타파하는 '반군벌·반제국주의'의 민주·민족혁명을 내건 '국민혁명'은 성공을 거두었다. 장제스(蔣介石) 총사령관의 영도 아래 북벌전쟁을 일으킨 국민당의 광둥(廣東) 국민정부는 1928년 6월경 베이징 군벌정권을 타도함으로써 그동안 염원해온 전국 통일을 달성했다.

이리하여 새롭게 수도를 난징(南京)으로 옮기고 국민당 일당독재에 의한 난징 국민정부를 수립했다. 그런데 국민혁명의 와중에서 국민당과 공산당 사이의 '국공합작'이 붕괴해버렸다.

장제스

이로 인해 중국과 코민테른의 관계도 결렬되었다. 중국공산당은 산악지대로 은신하여 혁명 근거지를 구축했고 곧이어 국민당과 공산당 간의 국공내전이 발발했다. 어제의 친구가 오늘의 적이 된 것이다. 국민당 내부에서도 권력을 장악한 장제스에 반발하는 권력투쟁이 일어나서 불안정한 상황이었다. 이에 더하여 1931년경 중국 동북지역에 대한 일본군의 침략을 일컫는 '만주사변'이 발발했고, 이윽고 '만주국(滿洲國)'이 수립되어 과거에 만주족의 터전이었던 만리장성 이북의 동삼성(東三省) 지역이 중국으로부터 분리되었다.

서역(西域)의 티베트는 영국에게, 서북의 몽골은 소련에게, 동북의 만주는 일본에게 빼앗기면서 중국 '대일통'의 꿈은 무너지고 분열되었다. 그렇지만 다른 한편 소련 코민테른으로부터 '자치'를 수행할 것인가 아니면 '연방'을 행할 것인가를 둘러싸고 난감한 조정을 겪어야 했던 딜레마에서 국민당은 해방되었다. 일본이 중국에 대한 침략을 본격적으로 개시하자 반제국주의의 주요 적대국은 기존의 영국에서 일본으로 변해버렸다. 정권을 장악한 장제스는 중국을 근대적인 산업국가로 전환시켜서 구미 및 일본에 대항할 수 있는 근대적인 '국민국가'를 세우기 위해 노력을 했다. 서구적인 '국민국가'를 수립한다는 구상을 전통적인 '대일통'의 틀 속에서 달성하고자 한 것이다. 장제스의 입장에서 '화이지변'의 논리 가운데 지칭되는 이적(夷狄)은 이제 바다 건너 존재하는 동이(東夷) 일본이었다. 만주에 대한 일본의 침략은 증오스러운 왜구(倭寇)의 재현으로 비추어졌다. 동북지역에서 일본을, 서북지역에서 소련을, 서역지역에서 영국을 축출하는 것은 '국민국가'로서의 '대일통'을 회복하는 것을 의미했고 이것을 민족주의라는 단어가 의미하는 내용으로 삼았다.

일본은 '화이지변'의 논리를 역으로 이용하여 중국으로부터 떨어져나간 만주족의 독립을 지원한다는 구실 아래 청나라의 폐위된 황제 푸이(溥儀)를 내세우며 만주국을 건국했다. 과거에는 '화이지변'의 논리를 내세우며 신해혁명에서 투쟁을 벌였던 혁명파 세력의 전통을 계승한 국민당이었지만 일본의 침략에 직면하게 되자 거꾸로 '대일통'의 틀에 의거해 국민의 단결을 호소하게 되었다. 이를 위해 활용된 강력한 무기가 중화와 이적(夷狄)을 용광로 속에 함께 녹여버린 것과 같은 '중화민족'이라는 개념이었다.

'국민혁명'에서 언급되는 '국민'은 모호한 개념이다. 국민은 민족을 의미하는 것으로 여겨져 다민족을 포괄하는 '중화민족' 개념이 사용되었다. 중국 '국민'의 압도적인 다수는 한족(漢族)이기 때문에 한족의 입장에서 볼 때 이와 같은 정의는 결코 모순되는 것이 아니었다. 새로운 오랑캐 이민족인 일본의 침략에 대항하기 위해 '중화민족'의 단결을 호소했다. 대내적으로는 '중화민족'에 의한 '대일통'의 틀을 추구하면서, 이와 동시에 대외적으로는 '화이지변'의 논리에 입각하여 동이(東夷) 일본에 대항하는 민족주의를 내세운 것이다.

　신해혁명에서 만주족 배척을 의미하는 '배만(排滿)' 사상이 핵심 동력원으로 기능했던 것처럼 항일 건국운동에서는 '반일'·'항일'이 동력원이 되었다. 장제스는 당초 국내를 먼저 안정시킨 이후 외국의 적대세력에 대항한다는 '안내양외(安內攘外)' 정책에 의거하여 분열된 국내의 통일을 우선적으로 추구했다. 강력한 '국민국가'를 세우기 위해서는 국민의 단결이 필요하다. 강력한 근대적 국민국가가 완성된 이후에 동이(東夷) 일본에 대항하는 '중화민족'의 단결, 즉 '대일통'을 구상했던 것이다.

　그렇지만 일본이라고 하는 오랑캐 이민족에게 영토를 빼앗겨버리고 군홧발에 유린되자 중국 대중의 일본에 대한 반감은 곧 민족감정으로 전환되었고, 장제스의 의도와 달리 중국의 수많은 사람들이 단번에 '왜구' 타도를 위한 항일전쟁에 동참하게 된다.

1. 장제스의 등장

쑨원이 사망한 이후 1926년 1월에 개최된 국민당 제2차 전국대표대회(2전대회)는 1전대회와 다른 양상을 보였다. 국내 민족정책과 관련된 항목이 홀연히 사라져버렸다. 1전대회의 '대회선언'에서는 각 민족의 자결권이나 '자유로운 연합'이 논의되었고, '건국대강'에서는 약소민족의 자결·자치가 명기되었다. 그러나 2전대회의 '대회선언'에는 자치권·자결권과 관련하여 그 어떤 언급도 없었다. 다만 일반적인 의미의 민족혁명 운동이 다루어졌을 뿐이다.

> 민족혁명 운동은 반드시 편협한 국가주의를 배척해야 한다. 이와 같은 편협한 국가주의는 항상 제국주의가 유도하는 것이다. …… 따라서 모든 억압을 받고 있는 모든 민족 상호 간에 상대방도 이쪽을 평등하게 대하고 이쪽도 상대방을 평등하게 대할 것을

요구한다. 이것이 이루어지면, 우리를 평등하게 대하는 세계의 모든 민족과 연합하여 공동으로 투쟁할 수 있다. 「中國國民黨第二次全國代表大會宣言」, 1926년 1월 13일.

관련된 언급은 단지 이것뿐이었다. 국내 소수민족과의 관계는 다루지 않은 것으로 볼 수 있다. 그런데 여기에서 '편협한 국가주의'라는 새로운 표현이 삽입되어 있는 것에 주목할 필요가 있다. 이것은 무엇을 의미하는가? 국내 민족들 가운데에는 제국주의 열강의 유혹에 편승하여 중국으로부터 독립하여 민족국가를 건설하려는 '편협한 국가주의'가 존재하고 있음을 밝힌 것이라고 볼 수 있다.

그럼 이와 같은 독립국가 건설을 위한 움직임을 보이는 민족들에게 자치권을 부여하는 것은 불가능하다고 위협하고 있는 것인가? 마츠모토 마스미(松本ますみ)의 연구에 따르면, 이는 내몽골의 인민혁명당이 내몽골 자치정부 수립을 요구한 것에 대한 대응이었다고 한다. 오로지 군벌의 타도를 위한 혁명전쟁의 수행이 가장 중요한 과제였던 시기에 소수민족에 대해서 구체적으로 신경을 쓸 틈이 아직 없었을 것이다. 1927년 4월 12일에 발발한 반공 쿠데타를 통해 국공합작 노선에서 이탈한 장제스는 중국공산당과 가까웠던 왕징웨이 등 국민당 좌파세력

과 심각하게 대립하면서도 국민혁명군을 지지 기반으로 하여 국민당 주류파 세력으로서 전국적인 규모의 권력을 장악했다. 이른바 장제스 시대의 시작이다.

1929년 3월에 국민당 제3차 전국대표대회(3전대회)가 개최되었다. 동 '대회선언'에서는 언급되지 않았지만 정치보고의 결의안을 통해 어쨌든 '몽골, 티베트와 신장'이 하나의 항목으로 다루어졌다.

> (몽골, 티베트, 신장은) 역사적으로나 지리적으로나 국민경제의 측면으로나 엄연히 모두 중화민족의 일부이다. 그리고 모두 제국주의로부터 속박을 받는 처지에 있다. …… 중국 영내의 민족들이 서로 친밀하게 지내며 삼민주의 아래 일치단결하는 것만이 외래 제국주의 세력의 야욕을 완전히 물리쳐낼 수 있는 유일한 길이다. 「對於政治報告之決議案」, 1929년 3월 27일.

한족의 중국도 변강지역의 이민족들도 모두 제국주의 열강으로부터 고통을 받고 있는 동일한 존재라는 것을 제시하며 운명공동체 의식을 심으려 하고 있다. 그런데 이 과정에서 중국과 변강지역 이민족들 사이의 상호 불신과 모순적인 관계는 전혀 무시되고 있다. 이와 같은 맥락에서 모두를 통칭하는 '국족(國

族)'의 개념이 출현하고 있다.

민족주의에 있어서는 한, 만, 몽골, 회, 티베트 인민이 밀접하게 단결하여 하나의 강고하고 힘 있는 국족을 형성하여 대외적으로 국제적으로 평등한 지위를 쟁취하는 것이 요구된다. 「對於政治報告之決議案」, 1929년 3월 27일.

새로운 개념인 '국족'이라는 표현은 국가와 민족을 합성한 조어(造語)인데, 무엇보다 이것은 쑨원이 사용했던 용어이다. 쑨원은 다음과 같이 논했다.

민족주의란 국족주의(國族主義)이다. 중국인이 무엇보다 숭배하는 것은 가족주의와 종족주의(宗族主義)이다. 따라서 중국에는 가족주의와 종족주의만 있을 뿐이며 국족주의는 없다. 「三民主義」, 1924년.

요컨대, 가족이나 종족의 이익만을 위해서 행동하는 것이 아니라 개인은 민족적 자각 속에서 서로 단결하여 국가를 수립하고 이를 수호해야 된다는 것이다. 또한 중국인은 중국의 국가이익을 위해 단결해야 된다는 점이 강조되었다. 말하자면 쑨원은 모든 사람들이 국가의식을 지녀야 한다는 의미에서 '국족'이라는 용어를 사용했다. 이것은 단결되지 못한 채 '흩어진 모래알'과 같이 개인으로만 존재해왔던 중국인을 민족으로서 단결시키고자 한 것으로 '다양한' 다민족을 반드시 하나로 통합하여 단결시킨다는 것을 의미하고 있던 것만은 아니었다.

그런데 이 대목에서 '국족'을 다민족으로 구성된 중국을 단결시키기 위한 개념으로 제시하고 있다. 그래서 다음과 같이 언급한다.

> 만주족 치하의 청 왕조와 군벌이 할거하던 두 시대에 자행된 몽골·티베트를 농락하고 신장 인민의 이익을 무시하는 악정을 반드시 고치고, 성심을 다해 각 민족의 경제·정치·교육의 발전을 도와 이들 지역이 문명적으로 진보한 영역으로 함께 진입될 수 있게 함으로써 자유롭게 통일된 중화민국을 조성한다. 「對於政治報告之決議案」, 1929년 3월 27일.

다시 말해 민족대립이나 계급대립은 기존 지배세력의 악정(惡政)에 의한 결과로 만들어졌다고 설명하면서 앞으로 선정(善政)을 편다면 그와 같은 대립 요인들은 해결될 것이라는 논리이다. 따라서 '국족'의 기치 아래 모두 단결하면 원만하게 수렴될 수 있다는 논리인 것이다. 이것은 실제로 규모가 큰 국가 속의 다양한 소수민족의 종족적인 주체성을 무시한 폭론이며 이와 같은 논리에 의하면 이민족의 자치·자결은 존재할 수 없게 된다. 이는 코민테른의 영향 아래 결정된 국민당 1전대회의 '대회선언'의 관련 사항이 무시되었을 뿐만 아니라 기존 '건국대강'의 주요 골자로부터도 크게 후퇴한 내용이었다.

국민당 3전대회는 장제스를 인권을 무시하는 독재자라고 비판한 왕징웨이 등의 반대를 물리치고 개최되었다. 장제스 반대파는 왕징웨이를 비롯하여 국민당 군부의 옌시산(閻錫山), 펑위샹(馮玉祥)·리쭝런(李宗仁) 등이 포함된 막강한 멤버로 구성되었다. 이들은 1930년 7월에 국민당 중앙부 확대회의인 베이핑(北平) 확대회의를 열었다. 장제스가 주도한 국민당 3전대회를 부정하고 장제스에 대항하기 위해 국민당 중앙부 확대회의라는 이름으로 별도의 회의를 개최했던 것이다. 그 이후 베이핑(北平, 베이징)에서 산시성(山西省) 타이위안(太原)으로 이동하여 헌법의 전 단계에 해당하는 「약법초안(約法草案)」을 기초했는데, 이를 통해 국민의 인권과 각 민족의 자치권을 명시했다. 약법초안은 1924년에 제정된 '건국대강'의 정신을 계승하며 다시 다음과 같이 논하고 있다.

국내의 약소민족에 대해서는 정부가 지원하고 (약소민족은) 자치를 스스로 결정할 수 있다. 「太原擴大會議約法草案」, 1930년 10월.

쑨원 시대의 것과 비교해볼 때 변화된 것은 아무것도 없지만 '건국대강'의 골자를 삽입함으로써 이를 무시해온 장제스와의 차이점을 분명히 했다. 장제스는 이에 대항하기 위해 「훈정시기약법(訓政時期約法)」을 제정했다. 이를 통해 '인민' 혹은 '국민'이 표현되기는 했지만 '민족'은 언급되지 않았다. 물론 '약소민족'의 '자치권', '자결권'도 포함되지 않았다. 단지 다음과 같이 규정되고 있을 뿐이다.

제1조 중화민국의 영토는 각 성(省)과 몽골, 티베트이다. 「中華民國訓政時期約法」, 1931년 6월.

일방적인 몽골·티베트 지역에 대한 지배선언이다. 신장에는 신장성(新疆省)이 설치되어 있었기 때문에 이미 그곳은 이민족의 세계가 아니었다.

이처럼 장제스 주도의 난징 국민정부와 반(反)장제스 세력이 주도한 확대회의파 간의 대비를 통해 볼 때 소수민족의 자치 개념에 대한 양측의 주장에는 명확한 차이가 있었다. 그러나 장제

장쉐량

스 세력의 군대와 확대회의파를 지지하는 반장제스 세력의 군대가 서로 격돌했던 중원 전쟁에서 동북군을 이끌고 있던 장쉐량(張學良)의 부대가 장제스 측을 지지하면서 반장제스 세력의 군대는 결국 패배했다. 정치적으로도 왕징웨이 등의 패배로 연결되어 장제스에 대항했던 확대회의도 해산되었고, '타이위안 확대회의 약법초안'은 아무런 효력이 없는 약법초안으로 전락했다.

다음으로 등장한 것이 1936년 5월 5일에 공표된 「중화민국헌법초안(中華民國憲法草案)」이다. 공표 일자에 의거하여 '5·5 헌초'로 일컬어진다. 중화민국의 영토에 관한 조항에 각 성(省)의 명칭이 개별적으로 기재된 이후 마지막 부분에 변경지역의 명칭이 다음과 같이 명기되어 있다.

> 제4조 중화민국의 영토는 …… 신장, 몽골, 티베트 등 고유의 강역(疆域)으로 한다. 「中華民國憲法草案」.

이어서 국민당 3전대회에서 제시된 '국족' 개념이 등장한다.

제5조 중화민국의 각 민족은 균등하게 중화국족(中華國族)을 구성하는 일원이며, 일률 평등하다. 「中華民國憲法草案」.

'중화국족'은 쑨원이 언급한 '중화민족'과 개념적으로 큰 차이가 없지만 '중화민족'이라고 과감하게 말하지 않고 '중화국족'이라는 표현을 사용한 것은 신장, 몽골, 티베트의 독자적인 민족성이 강조될 수 있다는 경계심에 의해 발로된 고육지책일 것이다.

마지막으로 1947년 1월 1일에 공식적으로 공표된 「중화민국헌법(中華民國憲法)」의 내용을 살펴보자. 이것은 국민당과 공산당 사이의 내전이 격화되고 있던 시기에 국민대회의 의결을 통해 이미 공표된 것이다. 1937년 국민당과 공산당은 항일전쟁을 위한 제2차 '국공합작'을 실현했다. 그러나 일본군의 최종적인 패배를 전후하여 국공 양당은 정치적 협의를 계속했으나 분열하게 되었고 결국 내전에 돌입했다.

「중화민국헌법」은 훈정(訓政) 시기로 설정된 국민당 일당독재를 해체하고 헌정(憲政) 시기를 맞이하기 위해 제정된 것으로서 국민당 이외의 다른 정당 인사들도 국민대회에 참석하여 심의를 했기 때문에 국민당색이 매우 엷어졌다. 따라서 영토와 관련하여 규정된 조항은 대단히 간단명료하다.

　　제4조 중화민국의 영토는 고유의 강역(疆域)으로 한다. 「中華民國憲法」.

이전과 마찬가지로 몽골, 티베트, 신장 등의 구체적인 지명이 기재되지 않았다. 또한 '기본 국책' 분야를 다룬 항목에서 '변강지구'에 대한 부분이 추가되어 있다.

　　제168조 국가는 변강지구 각 민족의 지위에 대해 합법적인 보장을 해야 한다. 아울러 그 지방의 자치사업에 대해서 특별히 지원을 해야 한다. 「中華民國憲法草案」.

여기에서도 변강지역의 민족 명칭은 구체적으로 명기되어 있지 않다. 그렇지만 자치권이라고 명확하게 표기하지 않고 '자치사업'으로 표현한 것은 기본적 권리로서의 민족 자치권을 부정하는 의미를 내포하고 있을 것이다.

「중화민국헌법」은 1949년에 이르러 국민당이 내전에서 패배하여 타이완(臺灣)으로 도주하게 됨으로써 중국 대륙에서는 사문화되었다. 다시 말해서 공표된 지 3년도 채 안 되어 단명해 버린 것이다. 이 당시 국민당은 내전과 패주를 거듭하며 실질적으로 기능하지 못했다.

2. 중화민국으로부터 이탈된 변강지역

지금까지 국민당 시대의 당대회 선언, 약법초안, 헌법초안, 그리고 헌법의 변천 과정을 살펴보았는데 자치권을 승인하거나 무시하는 한편으로 '국족'이라는 개념을 통해 소수민족의 주체성을 부정하는 등 일관성이 대단히 결여된 대응을 찾아볼 수 있었다. 그럼 몽골과 티베트는 구체적으로 어떻게 취급되었을까?

'몽골은 고유의 강역'이라는 의미와 감정을 불어넣었지만, 외몽골은 몽골인민공화국으로 독립을 달성하여 이곳에 소련군이 주둔하게 되어 손을 쓸 수 있는 방도가 없었다. 따라서 문제는 내몽골이었다. 이 문제는 대단히 복잡해서 한마디로 쉽게 설명할 수 없다. 몽골족의 독립 지향과 일본의 '만몽(滿蒙)' 정책이 복잡하게 얽혀 있기 때문이다.

난징의 국민정부는 내몽골을 열하(熱河), 차하르(察哈爾), 쑤이위안(綏遠)으로 분할하고 성(省)을 설치해서 지배하에 두고자 했다. 내몽골에 대해 자치권을 인정하지 않고 중국의 성(省)으로 삼고자 했던 것이다. 일본은 만주사변을 통해 만주국을 세우자 열하작전(熱河作戰)으로 열하성(熱河省)도 만주국에 편입시켜 내몽골 동부 지역을 세력 범위 안에 넣었다. 이와 동시에 내몽골 내부로 진입하여 내몽골 전체를 중국에서 이탈시켰다. 몽골의 왕족 덕왕(德王) 데므치그돈로브*는 자치를 요구했고, 난징 국민정부의 협력 속에 1934년 '백령묘 몽정회(百靈廟蒙政會)'라는 명칭의 몽골 지방자치 정무위원회를 설치했다. 그러나 난징 국민정부의 자치정책에 불만을 품은 덕왕이 일본에 접근하여 몽골 군정부(軍政府)를 세웠다. 난징 국민정부는 군대를 파견해 이를 무너뜨렸지만 1937년 노구교(盧溝橋) 사건이 일어나자 일본군은 내몽골 서부 지역에 대대적으로 진출하여 중국군을 축출하고 후허호트(呼和浩特)에 몽골연맹자치정부라는 이름의 괴뢰정권을 수립했다. 1939년에는 몽골계의 다른 괴뢰정권 세력들과 통합하여 몽골연합자치정부가 세워졌다.

1939년 일본군은 유명한 노몬한 사건**을 일으켰지만 소련

---

* 데므치크돈로브(德穆楚克棟魯普)는 내몽골 스니트기(蘇呢特旗)의 왕후 가문에서 출생한 왕족으로 일명 덕왕(德王)으로 불린다.
** 1939년 5월부터 8월까지 소련군과 몽골군이 몽골과 만주국 사이의 국경 지대인

과 몽골인민공화국의 연합군에게 격파당해 외몽골 지역으로 패권을 확장하는 데 실패했다. 중일전쟁 시기 중국 난징에 일본의 괴뢰정권인 왕징웨이가 이끄는 난징 국민정부가 발족함에 따라 1941년 8월경 몽골은 몽골 자치방(自治邦)으로 개칭되었다. 이때 독립국이 아닌 '방(邦)'이라는 모호한 표현이 사용되었다. 그 후 일본군이 패배하자 내몽골 지역은 남하한 소련군의 관할 아래 편입되었고 공산주의자의 활동이 왕성해졌다.

티베트의 상황도 복잡했다. 티베트는 영국의 영향 아래에 있었지만 중국으로부터 완전히 독립을 이루었던 것은 아니었다. 장제스가 이끄는 난징 국민정부는 몽골·티베트위원회를 설치하고 이를 통해 티베트에 대한 정책을 집행했다. 달라이 라마 13세도 전국을 통일한 장제스 정권과 교섭을 시작하여 관계를 개선하면서 라싸와 난징에 상호 주재원을 각각 파견했다. 그렇지만 중국이 티베트를 실효적으로 지배하는 것은 아직 불가능했다.

중화민국 시기 현재의 티베트 동부 지역과 쓰촨성(四川省) 서부 지역에 설치되었던 천변특별지구(川辺特別地區), 시캉성(西康省) 및 칭하이성(青海省)에는 티베트족이 압도적인 다수를 차지

할힌골 강 유역에서 일본제국의 관동군 및 만주국군과 교전을 벌인 할힌골 전투를 지칭하며 일명 노몬한 사건으로 알려져 있다.

했으며, 티베트의 입장에서 볼 때 이 지역들은 모두 조국 티베트의 일부였다. 때문에 티베트는 시캉(西康)과 칭하이(青海) 지역을 수복하기 위해 군사행동을 취했고, 이로 인해 시캉과 티베트의 분쟁을 지칭하는 '강장분쟁(康藏紛爭)'이 재차 발발했다. 중국의 시각에서 볼 때 이것은 영국이 배후에서 개입한 티베트 지역의 독립을 위한 책동이었다.

'강장분쟁'은 세 차례에 걸쳐 일어났다. 제1차 강장분쟁이 일어난 것은 신해혁명 시기로 독립을 선언한 티베트가 먼저 공격을 가했지만, 쓰촨성 도독과 윈난성 도독이 지휘하는 군대가 진군하여 이를 분쇄하고 천변특구지구로 편입시켰다. 제2차 강장분쟁은 1917년 티베트군이 천변특별지구를 향해 다시 진군을 감행하면서 시작되었으나 끝내 영국의 중재로 해결되었다.

제3차 강장분쟁은 1930년부터 시작된 장기간에 걸친 분쟁이다. 『강장분쟁 자료 선집(康藏糾紛檔案選編)』의 기록에 따르면, "이번 분쟁은 쌍방 모두 대규모의 군사행동을 취했고, 중앙정부에서 조정위원이 파견되어 수많은 협상과 교섭을 거친 이후 1940년이 되어서야 마침내 종결되었다". 이는 실질적으로 티베트와 중국 사이의 국경분쟁이었다. 당시 국민정부가 실효적으로 지배하던 지역은 시캉(西康) 지역까지였으며, 시캉성과 티베트의 경계선이 중국과 티베트를 구분하는 사실상의 국경선이었다.

몽골과 티베트에 비해 신장 지역의 상황은 약간 달랐다. 중화민국이 수립되자 양쩡신(楊曾新)이 신장 도독으로 취임했고, 그로부터 16년간 양쩡신에 의한 지배가 지속되었다. 그러던 중에 1928년 7월 7일, 이른바 '7·7쿠데타'가 발생했다. 연회장에서 양쩡신이 암살되었고, 이후 혼란을 수습한 진수런(金樹仁)이 난징 국민정부에 의해 신장성(新疆省) 주석으로 임명되었다. 그러나 1931년 3월, 이슬람교를 신봉하는 위구르족이 '중화제국'의 부활에 반대하는 폭동을 하미(哈密) 지역에서 일으켰다. 난징 국민정부는 '하미 봉기'를 진압하는 것은 물론 진수런을 타도하기 위한 군대를 동시에 파견했기 때문에 더욱 큰 혼란이 발생했다. 결국 1933년 4월 12일, '4·12쿠데타'가 일어나 진수런은 하야를 하게 된다.

성스차이

이러한 혼란기에 신장의 새로운 지배자가 된 인물은 '동로(東路) 비적소탕 총사령관' 성스차이(盛世才)이다. 그는 신장 우루무치에서 독판(督辦)의 자리를 탈취하고 신장 지역에 대한 군사적 지배권을 확립했다. 그런데 이로 인해 난징 국민정부와의 긴장관계가 조성되었다. 성스차이는 자신의 지위를 확보하기 위해 소련과의 연맹을 표명했다. 이에 따라 중국공산당과의 협력을 통해 '반제, 평화, 청렴, 건설, 친소, 민평(민족의 평등)'을 내용으로 하는 '6대 정책'을 공표했다. 이리하여 "신장의 성스차이는 중국공산당과 연합하여 항일민족통일전선을 결성했으며, 항일전쟁이 발발하게 되자 신장은 소련의 중국에 대한 원조와 코민테른과 중국공산당 사이의 연락 루트가 되었다"(陳慧生, 陳超, 『民國新疆史』).

그러나 1937년경부터 중국공산당과 성스차이 사이의 밀월관계가 깨지게 되어 1942년 4월부터 공산당원에 대한 체포와 암살이 시작되었다. 이에 따라 소련과의 연맹관계도 당연히 끊어지게 되었고, 공산당을 대신하여 신장의 지도 세력으로 등장한 것이 국민당 정권이다. 항일전쟁을 수행하기 위해 수도를 충칭(重慶)으로 옮겼던 장제스는 신장 지역에 대한 군사적 공세를 가했으며, 1944년 국민당이 신장을 군사적으로 제압했고, 같은 해 9월 총 12년간 지속되어온 성스차이의 통치는 끝내 종식되었다. 이를 대신하여 국민당의 우중신(吳忠信)이 신장성 주석으로 취임했다.

몽골이나 티베트에 비해서 신장은 확실히 중국 중앙정부의 영향이 농후했다. 그러나 신장성이 수립되어 이슬람교도 각 민족의 자치권을 부정하고 한족의 군인이 지배했다고 해도 국민당 정권의 지배력은 약했고 혼미가 극심했다.

3. 신장 - 동투르키스탄 독립운동

신장은 현재 '신장 위구르 자치구'가 되었지만 고대부터 서역이라고 일컬어진 호인(胡人)의 세계였다. 지금은 중국공산당에 의해 추진된 대규모 입식정책의 결과 수많은 한족이 이주하여 인구수에 있어서 위구르족과 한족이 압도적으로 많아 두 민족이 총인구의 85%를 차지하고 있다. 1928년 당시 신장의 총인구는 250만 명으로, 위구르족은 71%를 차지했고 한족은 10% 이하였다. 현재는 한족이 40%를 넘고, 그 외에 카자흐족, 회족, 키르키스족 등 다수의 서로 다른 민족들이 혼재되어 있다. 위구르족은 서방에서 이주한 투르크계 민족으로서 카자흐족, 키르키스족, 타지크족, 우즈베크족 등 인접하고 있는 중앙아시아 국가들 사이의 국경선을 넘어 넓게 거주하고 있는데, 이 지역은 민족 분쟁이 지속적으로 발생하고 있는 심각한 분쟁 지역이다. 한족을 제외하면 대다수가 이슬람교도이며, 몽골과 티베트 지역과 달리 종교적 대립이라는 위험 요소가 내재되어 있다. 또한 석유 등 지하자원이 풍부하게 매장되어 있어 자원을 둘러싼 싸움이 벌어지는 주요 무대이기도 하다.

  양쩡신, 진수런, 성스차이와 같은 한족(漢族) 출신 지배자들에 의해 신장 지역의 통치가 계속되었던 중화민국 시기에 위구르족과 한족 사이에는 대립이 끊이지 않았다. 위구르족이 수적으로 압도적인 다수를 차지하고 있는 가운데 소수의 한족이 신장을 지배하고 있는 구도였다. 이것은 흡사 청 왕조 말기 소수의 만주족이 다수의 한족을 지배하고 있는 구도와 같은 것이었다. 만주족의 지배를 타도하기 위한 한족에 의한 광복혁명이 정당화될 수 있다면 위구르족에게도 한족의 지배를 타도하기 위한 민족투쟁은 말하자면 광복혁명의 일환이었고, 이는 당연히 정당화될 수밖에 없는 것이었다. 만주족 배척주의를 표방한 배만(排滿) 사상은 신장 지역에서 한족 배척주의로 정의되는 배한(排漢) 사상이 되었다. 1931년에 일어난 '하미 봉기'에서 위구르족은 입식해 들어온 한족과 충돌했다. "이 봉기에 참가한 사람들이 한족 입식자를 전원 살해했기 때문에 동 봉기는 처음부터 '한족에 대한 배척'의 성격을 지니고 있었다고 할 수 있다"

(王柯, 『東トルキスタン共和國硏究: 中國のイスラムと民族問題』).

  양쩡신은 다음과 같이 설명하고 있다.

신장 남로(南路)는 회강(回疆)이라고 하며 별칭으로 동투르키스탄이라고 부르기도 한다. 楊曾新, 『補過齋文牘』.

양쩡신이 사용한 투르키스탄의 한자명은 '투얼치스탄(土耳其斯坦)'이다. '투얼치(土耳其)'는 터키(Turkey)의 번역어이다. 현재의 중국은 투르키스탄을 '투췌스탄(突厥斯坦)'으로 표현한다. '투췌(突厥)'는 투르크(돌궐, Turk)의 번역어이다. 투르키스탄은 터키계를 지칭하는 것이 아니라 북방의 이적(夷狄)이었던 돌궐계를 일컫는 것으로 '투얼치스탄(土耳其斯坦)'은 잘못된 번역이며, '투췌스탄(突厥斯坦)'이 올바른 표기라는 설이 있다(『民國新疆史』). 그러나 여기서 논의하고 있는 동투르키스탄의 독립운동을 수행했던 사람들은 터키계 민족국가의 건설을 추구했다. 이를 통해서도 중국의 역사관과 위구르족 역사관의 극명한 차이점을 살펴볼 수 있다.

동투르키스탄 독립운동에 대한 연구로는 귀중한 일차 자료를 방대하게 활용한 왕커(王柯)의 『동투르키스탄공화국 연구: 중국의 이슬람과 민족 문제(東トルキスタン共和國研究: 中國のイスラムと民族問題)』가 탁월한데, 여기에서는 동 연구에 따르도록 한다.

제1차 민족독립운동을 통해 1933년 11월 호자 니야즈(Hoja

Niyaz)를 대통령으로 하는 '동투르키스탄 이슬람공화국'이 카슈가르에서 세워졌다. 사실상의 지도자는 사우드 다몰라(Sawud Damolla) 수상이었다. 그는 아프가니스탄과 인도에서 유학을 하면서 범이슬람주의 및 범투르크주의 사상의 영향을 받았다. '조직 강령'에는 "공화국은 무슬림의 교양에 기반하여 성립되며 『코란』의 조문을 준수한다"는 내용이 규정되어 있었다. 이들은 다음과 같은 방법으로 호소하며 '한족에 대한 반대(反漢)와 분열'을 선동했다고 한다.

> 우리들이 지금 한족으로부터의 속박에서 벗어날 수 있다고 해도 동간(東干, 회족의 구칭)으로부터 지금 이탈할 수 없다. …… 황색의 한족과 (피부색이 다른) 동투르키스탄은 무엇보다 전혀 관계가 없다. 피부가 검은 동간과도 아무런 관계가 없다. 동투르키스탄은 동투르키스탄인의 동투르키스탄이다. 외국인을 우리 부모로 삼을 수는 없는 것이다. …… 외국인의 풍습, 관습, 성정(性情), 문자를 모두 타파하고 외국인을 영원히 추방시키자. 『民國新疆史』.

한족으로부터의 독립뿐만 아니라 같은 이슬람교도이지만 이미 한족화(漢族化)가 되어버린 회족과도 구별된다는 점을 강조하고 있다. 그렇지만 내부 분열이 일어나 호자 니야즈 대통령이 사우드 다물라 수상을 체포하여 신장성 정부에 인도하게 됨으로써 '동투르키스탄 이슬람공화국'은 다음해 5월에 와해되었다. 1년도 채우지 못하고 단명을 했지만 이것은 다음의 제2차 독립운동의 전례가 되었다.

1944년 여름부터 가을에 걸쳐 일어난 이슬람 독립운동은 '동투르키스탄공화국'이 수립되는 결실을 보게 되는데, 현재 중국에서는 이를 '3구 혁명(三區革命)'으로 부르고 있다. 3구란 당시 소련(현재의 카자흐스탄 지역)에 인접하고 있던 신장 북부의 이리 구, 타르바하타이 구, 알타이 구를 지칭한다. 터키계 이슬람 주민들은 게릴라 조직을 기반으로 '민족해방조직'을 결성하고 '우리가 투쟁하는 이유'라는 제목의 정치선언을 공표했다.

> 우리들의 조상은 우리들이 거주하고 있는 지역을 동투르키스탄이라고 불렀다. 옛날부터 위구르인, 타란치인, 카자흐인, 우즈베크인, 키르기스인 그리고 타타르인이 이곳에서 거주했으며 현재 이곳은 여전히 그들의 거주지이다. 이곳에는 400만 명의 주민이 거주하고 있는데 300만 명 이상이 이러한 민족들로 구성되어 있다. 이 때문에 이 지역, 즉 투르키스탄은 터키 민족의 심장이라고 오래전부터 일컬어지기도 했다. …… 우리의 고향은 동투르키스

탄이며 우리는 터키 민족의 동방 부분이며 그 밖의 부분은 소비에트 연방에 있다. 『東トルキスタン共和國硏究: 中國のイスラムと民族問題』.

이에 따라 중국에 의한 압정(壓政)을 강조한다.

중국인은 고비 사막을 향하는 방향의 멀고 먼 중국으로부터 우리 동투르키스탄에 침입하여 우리의 평화를 바라는 마음과 성실함을 이용해 군대와 채찍을 통해 지배권을 장악했다. 그들은 우리를 가축에 대해 하는 것보다 더 가혹하게 속박했다. …… 우리가 민족해방조직을 결성한 목적은 우리 인민을 잔혹한 중국의 지배로부터 해방시키고 이와 같이 중국에 의해 압박, 학살, 착취당하고 있는 민족을 자유롭고 평등하며 발전하고 상식이 통하며 행복한 생활을 영위하는 민족으로 정립하기 위한 것에 있다. 『東トルキスタン共和國硏究: 中國のイスラムと民族問題』.

중국을 만주로 바꾸고 동투르키스탄을 중국으로 대입하면 청나라 말기 혁명파의 선언에 다름 아니다. 반란 게릴라 공격을 통해 '쿠르자 봉기'는 성공을 거두었고, 11월 12일에 이리 구의 쿠르자에서 '동투르키스탄공화국'의 건립이 선언되었다. 동투르키스탄공화국 임시정부 주석으로 선출된 일한 퇴라(Ilhan Törä)

는 다음과 같이 호소했다.

> 알라는 우리의 신이고, 무함마드는 우리의 성자이며, 이슬람은 우리의 신앙이고, 동투르키스탄은 우리의 조국이다. …… 단결한 쿠르자의 민중은 즉각 중국의 정권을 타도하고 우리 이슬람 정권을 세웠다. 피비린내 나는 압정(壓政)을 의미했던 중국의 깃발은 우리의 발바닥 아래에서 짓밟혀져 먼지가 되어버렸다. 대신 우리 조상으로부터 전승되어온 이슬람의 초승달, 별, 그리고 슬로건이 적힌 깃발을 들었다. 『東トルキスタン共和國硏究: 中國のイスラムと民族問題』.

이곳은 1881년 러시아와 청나라가 이리 조약을 통해 이미 국경선으로 정했던 지역이다. 소련은 이에 관심을 표명하지 않을 수 없었다. 왕커의 연구에 의하면, 쿠르자 봉기에는 소련의 적군도 참가했다. 또한 동투르키스탄공화국의 군부 내에도 소련의 적군 장교들이 배치되어 있었다. 동투르키스탄공화국 정부는 '민족군'을 편성하고 소련군의 지원 속에서 인접지역인 타르바하타이 구와 알타이 구에 진군하고 3구를 '해방'시켰다.

그러나 1945년 제2차 세계대전이 종결되자 신장을 둘러싼 국제환경이 크게 일변했다. 장제스는 8월 14일 소련과 '중·소

우호동맹조약'을 체결했다. 이에 따라 소련이 더 이상 중국으로부터의 독립을 추구해온 동투르키스탄을 노골적으로 지원하는 것이 불가능해졌다. 한편 3구로 확대된 반란군 세력인 동투르키스탄 민족군은 군사적 승리를 거두며 신장성 정부의 소재지인 우루무치에 육박했다. 그런데 군부대의 진군 과정에 중지 명령이 갑작스럽게 내려졌다. 이리하여 1946년 1월 2일 소련의 중재로 동투르키스탄공화국과 국민정부 사이에 '평화협정'이 체결되었다.

'평화협정'에서 동투르키스탄공화국 측의 주장이 대부분 수용되었지만, 협정이 체결된 이후 소련군 전체가 퇴각했고 신장성 정부는 개조되어 3구의 소수민족이 정치적으로 참가하게 되었다. 이른바 연립정권의 탄생이었다. 이 과정에서 동투르키스탄공화국은 사라지고 1946년 6월 동투르키스탄공화국은 '동투르키스탄·이리전서(轉署)'로 개칭되었다. 아울러 동투르키스탄공화국의 지도자 일한 퇴라가 소련으로 연행되어 '동투르키스탄 독립'의 꿈은 끝내 무너졌다. 개조된 신장성 정부는 국민당의 장즈중(張治中)을 주석으로, 위구르족 에흐메트잔 카심(Ehmetjan Kasim)을 부주석으로 선출했다.

중국공산당은 국민당의 신장 지배에 대해 저항한 위구르족의 독립운동을 '3구 혁명'으로 긍정적으로 평가하면서도, 이 당시 수립된 동투르키스탄공화국 정부를 '괴뢰' 정권으로 묘사한다. 이는 '괴뢰' 만주국 정권에 대한 평가와 같은 맥락이다. 국민당에 대한 투쟁은 '혁명'으로 평가될 수 있지만 '독립'적 성향은 분열주의로서 부정하고 있는 것이다.

펑더화이

1949년 국민당과의 내전에서 승리한 중국공산당은 전국을 통일했고, 중국인민해방군은 신장에 군대를 파병하여 1949년 12월 17일 신장 군구(軍區)가 정식으로 수립되었으며, 펑더화이(彭德懷)*를 동 군구 사령관 겸 정치위원으로 임명하고 신장성 인민정부를 세웠다.

---

* 펑더화이(1898~1974)의 본명은 펑더화(彭得華)이며, 중국 후난성 출신의 군인으로 국무원 부총리 겸 국방부 장관을 역임했다. 1950년 한국전쟁이 발발한 이후 마오쩌둥의 참전 결정으로 중국인민지원군 총사령관에 임명되어 참전했다.

제6장

공산당의 민족정책

그것은 해방이었는가?

 중국공산당은 초기의 마르크스·레닌주의 정당에서 전통적인 민족주의 정당으로 변질되었다. 소수민족에 대한 민족정책도 독립을 자유롭게 용인하는 노선에서 독립을 불허하는 대중화주의(大中華主義) 노선으로 변했다.

 앞에서 이미 살펴본 것처럼 1931년 11월에 제정된「중화소비에트공화국 헌법대강」을 통해 몽골, 티베트, 위구르 등 변강 지역의 민족들은 중국과 자유롭게 연방을 형성하고 이탈할 수 있는 권리를 보유한다는 '자유연방제'가 대대적으로 선언되었다. 그러나 이러한 입장은 오랫동안 견지되지 않았다. 유조호(柳條湖) 사건으로 시작된 만주사변과 노구교(盧溝橋) 사건을 계기로 중일전쟁이 본격적으로 일어나면서 일본의 중국에 대한 확대되는 침략으로 인해 중국에서는 민족적인 항전체제가 만들어졌다. 중국의 여러 민족이 일본 제국주의로부터 위협을 함께 받고 있으며, 따라서 전체 민족이 단결하여 일본의 침략에 응전해야 한다고 호소하는 것은 소수민족과의 민족적 모순을 주변화하려는 것이었다.

국민당은 민족 자치권을 부정하고 통일된 국민국가의 단결력으로 일본에 대항하고자 했다. 중국공산당은 이러한 국민당의 민족 자치권에 대한 부정을 비판하면서도 '자유연방제'의 깃발 대신 민족통일전선(民族統一戰線)의 구축을 내세웠다. 민족통일전선은 민족적 이익을 지키기 위해 국민당과 공산당이 함께 손을 잡고 일본군과 싸우는 것을 의미하지만, 이것은 이른바 제2차 '국공합작'뿐만 아니라 각 소수민족과도 단결하여 통일전선을 구축한다는 의미도 내포하고 있다.

'자유연방제'는 '화이지변'의 변형된 형태이다. 청나라 말기 혁명파의 '화이지변'은 '이(夷)'를 배제하고 18개 성(省)의 '화(華)'만으로 국가를 세우고자 한 것이었다. 공산당의 '자유연방제'는 '중국(華)'과 주변의 소수민족(夷)을 구분하고 배제하는 것이 아니라 이민족이 독립국가를 세우고자 희망한다면 이를 수용하여 연방을 형성하려 한 것이다.

그러나 항일전쟁을 겪으면서 중국공산당의 마오쩌둥은 중국인도 소수민족도 모두 하나가 되어 전체 민족에 의한 민족통일전선을 결성하자고 강조했으며, 이 과정에서 전체 민족으로 구성된 쑨원의 '중화민족' 개념을 다시 사용했다. 이른바 '대일통'의 논리로 전이된 것이다. 따라서 국민당을 타이완으로 쫓아내고 전국을 통일하게 되자 백일하에 '자유연방제'를 방기하고 변경지역의 몽골, 티베트, 신장도 '중국과 불가분의 영토'라고 내세우며 이 지역을 자치구의 형태로 중화인민공화국에 편입시켜 이들 지역이 독립국가를 형성할 수 있는 자유를 완전히 부정했다. 말하자면 과거 황제를 정점으로 한 전제통치를 대신하여 공산당 독재를 통한 천하통일의 '대일통'이자 전통적 이념으로의 후퇴인 것이다.

1. 마오쩌둥의 등장

마오쩌둥은 공산주의자가 되기 이전의 청년 시절 각 성(省)이 독립하는 것이 바람직하고 하면서 그의 고향인 후난성(湖南省)을 '후난 공화국'으로 만들자고 호소했다.

> 나는 '대중화민국(大中華民國)'에 반대한다. 나는 '후난 공화

마오쩌둥

국'을 주장한다. …… 무엇보다 좋은 방법은 전국적인 건설이 아니라 분열하여 각 성에 나누어 건설하는 것이다. '각 성(各省) 인민자결주의'를 실행하는 것이다. 22개의 행성(行省)과 세 개의 특구, 두 개의 번지(蕃地)로 나누어진 27개의 지방을 27개의 국가로 나누는 것이 가장 좋은 것이다.「湖南建設問題的根本問題: 湖南共和國」, 1920년.

따라서 마오쩌둥은 통일에 반대했다.

    4,000년 동안 우리 문명고국에는 간단히 말해서 국가가 존재하지 않았다. 국가는 하나의 허구이며 실체가 없다. 예를 들면 인민도 산재하고 있을 뿐이며 '한 줌의 흩어지는 모래'라고 표현될 뿐이다. 중국인은 4,000년 이상을 생존해 내려왔는데 어떻게 존속해왔는가? 조직은 없고, 조직된 사회 등을 보는 것은 불가능했으며 조직된 지방도 보는 것이 불가능하다. 중국의 토지에는 중국인이 있는지 없는지 큰 차이가 없는 것이 아닌가? 인류 가운데에

서 중국인이 필요한 것인지 필요치 않은 것인지 어떤 관계가 있는 것인가? 그 원인을 탐색해보면 불행하게도 '중국'이라는 두 글자 속에 있다. 중국의 통일 가운데에 있다. 현재 유일한 구제방법은 중국을 해방하는 것이며 통일에 반대하는 것이다.「反對統一」, 1920년.

이는 흡사 중화제국 해체론처럼 보인다. 그러나 이와 같은 과격한 주장은 곧 사라진다. 마오쩌둥은 산악지대 징강산(井崗山)에 혁명 근거지를 건설하고 1928년 독자의 공산당군인 홍군(노농군)을 조직하여 군장 주더(朱德), 당대표 마오쩌둥의 '주마오군(朱毛軍)'을 탄생시켰다. 홍군 조직은 마오쩌둥이 정치적으로 대두하게 되는 기반이었다. 1929년 1월에 이루어진 홍군의 선언문은 다음과 같다.

중화를 통일하여 …… 만, 몽골, 회, 티베트는 스스로 장정(章程)을 결정한다.「紅軍第四軍司令部布告」, 1929년 1월.

중화는 통일하지만 중화의 외측에 만, 몽골, 회, 티베트를 상정하고 있다는 것을 알 수 있다. 그리고 1931년 11월, 루이진(瑞金)에서 '자유연방제'를 넣은「중화소비에트공화국 헌법대강」을 제정했다.

그러나 1937년에 중일전쟁이 발발하자 일본군은 만몽(滿蒙) 분열정책을 실시했다. 중국으로부터 만주 혹은 내몽골을 분리시키려 한 것이다. 공산당도 이에 대항하기 위해 몽골에 대해 항일전쟁을 위한 민족단결을 호소하게 되었다.

> '몽골과 한족은 일치단결하여 항전하자', '쑤이위안(綏遠, 내몽골에 설치된 성)을 방위하자'라는 슬로건으로 각 기(旗)의 수장들로 구성된 연석회의를 준비하고 이크주맹(伊克昭盟) 각 상층부와의 항일통일전선을 형성해 일치단결된 항일투쟁을 실현한다〔몽골의 덕왕(德王)과 사왕(沙王)에 대해서는 비판적인 태도를 취하고 있다〕. 「八路軍騎兵團向蒙境出動」, 1937년 11월 16일.

기(旗)나 맹(盟)은 몽골 독자의 지방행정 단위를 말한다. 일본군에 협력하여 내몽골 독립을 추구하고자 했던 덕왕(德王) 등을 제외한 내몽골 상층부와도 제휴하여 항일통일전선을 구축하자고 호소하고 있다. 1년 후 덕왕에게도 항일통일전선에 참가하도록 공작을 벌이면서 이를 위해서 몽골인의 반감을 진정시켜야 한다고 언급하기도 했다.

몽골인에 대해서는 한인(漢人)이 약탈한 토지의 회복을 요구할 수 있도록 하고, 한인이 이에 상응하는 대가로 매수하여 돌려주든가 농지의 조세를 거두어들이지 않으면 안 된다. 「在大靑山堅持長期遊擊戰爭」, 1938년 11월 24일.

토지소유를 둘러싸고 '침입자'인 한족과 '원주민족'인 몽골족의 민족적 대립을 완화시키기 위한 배려를 하고 있는 것이다. 이렇게 하여 마오쩌둥은 항일전쟁의 과정에서 '자유연방제'적 국가구상을 포기하고 각 민족을 포괄하는 중국의 국가구상을 갖게 되었다. 여기에는 쑨원이 말했던 '중화민족'이라는 개념이 유효했다. 마오쩌둥이 본격적으로 '중화민족'을 언급하기 시작한 것은 1939년의 「중국혁명과 중국공산당」을 통해서다.

4억 5,000만 명의 인구 가운데 거의 90% 이상이 한족이다. 이 외에 몽골족, 회족, 티베트족, 위구르족, 묘족, 이족(彝族), 장족(壯族), 포의족(布依族), 조선족 등 모두 합쳐 수십 종의 소수민족이 있으며, 문화발전의 정도가 서로 다르지만 모두 긴 역사를 갖고 있다. 중국은 다수의 민족이 결합된 수많은 인구를 갖고 있는 국가이다. 중화민족의 발전(주요한 것은 한족의 발전)은 세계의 수많은 다른 민족들과 마찬가지로 수만 년의 무계급 상태의 원시

코뮌의 생활을 했었다. …… 중화민족은 영광의 혁명전통과 우수한 역사유산을 갖는 하나의 민족이다.「中國革命和中國共產黨」, 1939년 12월.

'중화민족'은 한족을 중심으로 구성되어 있지만 '몽골족, 회족, 티베트족, 위구르족, 묘족, 이족, 장족, 포의족, 조선족' 등을 포함한 다민족의 총칭이라는 생각이 스며들어 있다. 그러나 1945년 4월에 발표된 「연합정부론(論聯合政府)」을 보면 마오쩌둥의 마음이 동요한 것 같다.

국내 소수민족의 대우를 개선하여 각 소수민족에 민족자결권 및 자발적 희망에 의한 원칙 아래에서 한족과 연방국가를 건설할 권리를 인정하도록 요구한다.「論聯合政府」, 1945년 4월 24일.

마오쩌둥의 논문이나 발언은 그 이후에 몇 차례에 걸쳐 수정되어 각 시대의 상황에 맞게 활용되었다. 현재의 『마오쩌둥 선집』은 1951년 이후 편집된 것이다. 1947에 출간된 별판(別版)의 내용은 다음과 같다.

신민주주의의 국가문제와 정권문제에는 연방의 문제가 포함되어 있다. 중국 내의 각 민족은 자발적 희망과 민주의 원칙 아래서 중화민주공화국연방(中華民主共和國聯邦)을 조직하고 또한 이 연방을 기초로 하여 연방의 중앙정부를 조직한다.「論聯合政府」別版, 1947년판『毛澤東選集』에 수록.

여기에는 갑작스럽게 과거의 '자유연방제'가 출현하고 있다. 이 부분은 초기에 발표된「연합정부론」에는 수록되어 있지만 현재『마오쩌둥 선집』의「연합정부론」에는 삭제되어 있다. 공산당이 '자유연방제'를 부정하며 1949년 건국한 이래 상황적으로 드러내고 싶지 않은 불편한 부분이 있었기 때문이다. 어쨌든 '연방제'의 가능성을 언급하는 한편 동일한 논문에서 마오쩌둥은 20년 전에 개최된 국민당 1전대회의 '대회선언'을 모방하여 그것을 충실히 지킬 것을 논하고 있다. 이 점은 별판에서도 마찬가지다.

1924년 쑨원 선생은 '중국국민당 제1차 전국대표대회'에서 …… '국민당은 엄숙하게 선언한다. 중국 내부의 각 민족의 자결권을 인정한다. 제국주의와 군벌에 반대하는 혁명이 승리한 이후에는 자유롭게 통일된 (각 민족이 자유롭게 연합하는) 중화민국을 조직한다'고 말했다. 중국공산당은 쑨원 선생의 민족정책에 완전히 동의한다.「論聯合政府」.

1924년 당시의 중국공산당에게 보로딘이 말하는 것과 같은 "'통일된' 혹은 '자유로운' 중화민국이라는 제안은 연방제에 관한 코민테른의 제안과는 완전히 부합하지 않았다. 그러나 국민당이 소수민족의 자결에 동의했기 때문에 본인도 과감하게 중국공산당의 원안을 고집하지 않았다"(이에 대해서는 제4장 참조)는 것에 불과하며 실제로는 코민테른이 요구한 '자유연방제'를 이상으로 한 것이었다.

코민테른이 요구한 소수민족의 '독립 용인' 노선도 쑨원의 '자치'에 머문 '자결' 노선과는 크게 다른 것이었다. 1945년의 단계에서 마오쩌둥은 확실히 모순된 두 가지의 정책을 병립시킨 것이다. 그렇다면 마오쩌둥은 과연 어떤 노선을 더 중요시했을까?

항일전쟁의 과정에서 변경민족과의 통일전선이 강조되었지만 실제로 공산당 내부에서는 여전히 과거의 '자유연방'을 추구하자는 견해가 강했다. 마오쩌둥의「연합정부론」이 말하고 있는 것은 중국공산당 제7차 전국대표대회(7전대회)이다. 7전대회에서 채택된 중국공산당「당장(黨章)」은 다음과 같이 명시하고 있다.

독립, 자유, 민주, 통일, 부강한 혁명계급의 연맹과 각 민족이 자유롭게 연합하는 신민주주의 연방공화국을 건립하기 위해 분투한다. 「中國共產黨黨章」, 1945년 3월.

저우언라이

공산당 내부에서도 아직 '연방공화국'이라는 개념이 없어지지는 않았다. 마오쩌둥의 발언은 그 현실을 반영한 것이다. 이후에 자세히 논하겠지만 중화인민공화국 시기 정식으로 '자유연방제'를 부정하여 '자치제'를 확립하는 단계에서도 아직 '자유연방제'를 고집하는 그룹이 있어서 저우언라이(周恩來)가 이를 설득하느라 많이 고생을 했던 것을 알 수 있다.

그러나 현실적으로 추진된 정책은 변경민족과의 통일전선이었으며 마오쩌둥은 이 단계에서 코민테른 노선과 다른 쑨원 노선을 채용했다고 볼 수 있다. 따라서 이후에 이 '연방정부' 부분을 삭제하는 것을 마오쩌둥 자신이 인정했던 것이다. 이렇게 해서 변경의 소수민족을 '중화민족'으로서 중국에 편입시켜 거기에서 '자치권'만을 부여한다는 쑨원과 마오쩌둥의 노선이 확립된다.

2. 공산당의 '민족구역 자치제도'

1949년 10월 1일, 중화인민공화국의 건국이 선언되었다. 국가체제의 모습을 결정한 것은 그 전 달인 9월에 개최된 중국인민정치협상회의(中國人民政治協商會議)에서 채택된 '공동강령(共同綱領)'이다.

> 제6장 '민족정책'에 대해서는 다음과 같이 결정되었다.
> 제50조 중화인민공화국의 영역 내의 각 민족은 일률평등하다. 단결과 상호협조를 실행하여 제국주의와 각 민족 내부에 있는 인민의 공적에 반대하고 민족 간에 적대시하고 민족의 단결을 압박하고 분열시키는 행위를 금지한다.
> 제51조 각 소수민족의 거주 지구에서는 민족의 구역자치를 실행해야 한다. 민족거주 인구의 많고 적음, 구역의 크고 넓음에 따라 각각의 민족자치 기관을 나누어 건립한다.
> 제52조 중화인민공화국의 영역 내의 각 소수민족은 통일적인 국가군사제도에 의해 인민해방군에 참가하고 또한 지방인민 공안부대를 조직하는 권리를 동동하게 갖고 있다.
>
> 「中國人民政治協商會議共同綱領」, 1949년 9월 29일.

이것이 현재 공산당의 민족정책의 기본이다. 중국은 각 민족이 친하게 단결하는 '대가족'이다. 중화민족이 사이좋게 지내는 대가족이 되는 것이다. 각 민족에게 허가되는 것은 단지 '구역자치'뿐이며 분열, 독립은 허가되지 않는다. 따라서 각 민족은 독자의 군대를 보유하는 것이 허가되지 않고 인민해방군에 참가하는 '권리'만이 있게 된다. 1954년 9월에 공포된 최초의 「중화인민공화국헌법」에는 다음과 같이 기록되어 있다.

> 서언 …… 우리나라의 각 민족은 이미 단결하여 하나의 자유롭고 평등한 민족 대가족이 되었다. 각 민족 간의 우애와 상호협조를 발양하고 제국주의에 반대하고 각 민족 내부에 있는 인민의 공적에 반대하고 대민족주의와 지방민족주의에 반대하는 것에 의해 우리나라의 민족적 단결을 더욱 계승하고 강화시킨다.
> ……
> 제3조 중화인민공화국은 통일된 다민족국가이다. 각 민족은 일률 평등하다. 어떤 민족에 대해서도 적대시와 박해를 금지하고 각 민족의 단결을 파괴하는 행위를 금지한다. 각 민족은 모두 자신의 언어문자를 사용해 발전시킬 자유를 갖고 있으며 모두 자기의 풍속습관을 유지하고 개혁할 자유를 갖고 있다. 각 소수민족이 거주하는 지방에서는 구역자치를 실행한다. 각 민족의

자치지방은 모두 중화인민공화국의 분리할 수 없는 부분이다.

「中華人民共和國憲法」, 1954년 9월 공포.

  '공동강령'과 '헌법'에서 거의 '구역자치'의 개념이 결정되었다. 말하자면 통일된 다민족국가의 내부에서 다양한 민족의 자치활동을 인정한 것이다. 계속해서 강조하지만 이것은 '자유연방제'에 대한 완전한 부정이다.

  왜 이와 같이 되었는가? 모리 가즈코(毛利和子)의 『주변으로부터의 중국: 민족문제와 국가(周邊からの中國: 民族問題と國家)』에 따르면 "어쨌든 건국되기 직전까지 당내에서 완전한 합의를 보지 못한 것으로 보인다. 공동강령을 기초한 인민정치협상회의에서는 '다수의 동지가 소련을 추종하여 연방공화국을 만들자고 주장했지만 저우언라이(周恩來)가 그것을 단호하게 배척했다'고 한다"라고 지적하고 있다. 저우언라이는 다음과 같이 말했다.

  국가제도에 대해서 우리들의 국가가 다민족연방제를 채택할 것인가 말 것인가의 문제가 존재한다. …… 어떤 민족도 모두 자결권을 갖고 있다. 이것에는 적어도 의문의 여지가 없다. 그러나 제국주의자들은 현재 우리의 티베트, 타이완, 더욱이 신장까지도

분열시키고자 노리고 있다. 이러한 상황에 있기 때문에 각 민족은 제국주의자의 도발에 신경 쓰지 않게 되기를 희망한다. 이 때문에 우리나라의 명칭을 중화인민공화국으로 하고 연방으로 하지 않는 것이다. 오늘 여기에 모인 수많은 사람들은 민족대표이기 때문에 모두에 대해 특별하게 해석을 천명했다. 그리고 동시에 모두에게 이 의견에 동의할 것을 희망한다. 「關於人民政協的幾個問題(摘錄)」, 1949년 9월 7일.

이 저우언라이의 설득논리를 제대로 해석한다면 소수민족은 '다민족연방제'를 추구할지도 모르겠지만 제국주의를 이롭게 할 뿐이므로 매우 위험하기 때문에 어쩔 수 없이 '구역자치'를 제안한다는 것이다. 그렇다면 어떤 제국주의의 책동이 없어지게 된다면 '자유연방제'를 실현할 환경이 만들어지게 된다.

그럼에도 현실은 그렇지 않았다. 구체적인 독립을 요구했던 것은 소수민족 가운데에서도 비교적 독립할 수 있는 힘을 갖춘 티베트, 몽골, 위구르의 각 민족이다. 확실히 그 배경에는 영국 등의 '제국주의의 도발'이 있었다고 해도 그것을 추진했던 것은 각 민족의 독립정신이며, 그 가운데에는 한족에 대한 적개심도 있었던 것은 이미 언급한 바와 같다. 이와 같이 저우언라이는 독립을 권하지 않은 원인은 민족을 분열시키고자 하는 제국주의에 있다고 하며 제국주의 열강에게 책임을 전가했다. 그것은 민족의 독립을 억지하기 위한 이미 결정된 방침을 정당화한 것에 불과하다.

그런데 이때 지령 문건 하나가 내려졌다. 수많은 연구를 통해서 언급되고 있는 문건 내용이다.

> 오늘날 각 소수민족에 대해 '자결권' 문제를 다시 강조하는 일이 있어서는 안 된다. 과거의 내전 시기에는 우리 당이 소수민족을 편입하기 위해서 국민당의 반동통치 …… 에 반대하여 이 슬로건(자결권을 용인하는 것)을 강조했었다. 당시로서는 완전히 올바른 정책이었다. 그러나 현재는 상황이 근본적으로 변화했다. 국민당의 반동통치는 기본적으로 타도되어 우리 당이 지도하는 신중국이 탄생했다. 「中共中央關於少數民族'自決權'問題給二野前委的指示」, 1949년 10월 5일.

소수민족의 자결권을 주장했던 것은 소수민족을 끌어들이기 위한 미끼에 불과하며 공산당이 천하를 차지하면서부터는 더 이상 미끼를 던져줄 필요가 없다는 것이다. 대단히 솔직한 표현 혹은 노골적인 표현이지만 이와 같은 지령을 받고 공산당원〔파견된 제2야전군은 사령원이 류보청(劉伯承), 정치위원이 덩샤오핑(鄧

小平)이었다]들이 이를 제대로 이해할 수 있었을까 하는 의문이 남는다.

왜냐하면 다민족연방제나 민족자치의 모습을 둘러싸고 공산당 내부에도 다양한 견해가 있었기 때문이다. 종래의 연방제를 포함하는 민족자치론은 소수민족을 끌어들이기 위한 단순한 전술로서 제창된 것이 아니라 공산당 내부에는 원칙적으로 연방제도를 용인하는 그룹이 있었고 민족정책을 둘러싼 대립이 있었던 것을 저우언라이의 발언은 인정하고 있다.

1949년 9월의 건국에서 중국공산당은 이러한 반대를 제압하고 중화인민공화국을 '대일통'적인 전통국가로서 건설하는 것을 추진했던 것이다. 바로 청 왕조 말기의 혁명파가 '화이지변'을 제창하면서 중화민국의 건설에서는 일전해서 '5족 공화'의 '대일통'으로 전환했던 것처럼 공산당도 권력을 장악하게 되자 마찬가지로 '대가족'이라는 표현으로 '대일통'적 세계관을 호소했다. 바로 '군자는 표변한다(君子豹變)'는 것이다.

3. 티베트: 해방인가, 침략인가

티베트 문제는 다루기가 어렵다. 중화인민공화국이 탄생한 직후인 1950년 10월 인민해방군이 동티베트에 무력 침공하여 참도(Qamdo)로 진군했다. 그 이후 군사적 압력 아래에서 티베트의 달라이 라마 14세 정권과 '티베트의 평화해방에 관한 협약'(17조 협정)을 체결했다. 그리고 1951년 9월 9일 약 3,000명의 인민해방군이 라싸에 진입하여 티베트를 중국에 '통일'시켰다. 중국은 이를 '평화적 해방'이라고 부르지만 티베트 측은 '무력적 침략'이라고 부른다.

왜 동일한 사안에 대해서 이와 같이 180도 서로 다른 이해가 발생하고 있는가? 기본적으로는 티베트를 중국의 일부분으로 볼 것인가 독립된 국가로 볼 것인가의 여부에 있다. 티베트가 중국의 일부라고 해도 중국 중앙정부와 티베트정부 사이의 관계가 독립에 가까운 국가주권이 부여된 연방관계인가 아니면 한정된 '구역자치'가 부여된 것에 불과한가 하는 차이점이 연관되어 있다.

두 말할 나위도 없이 중국공산당 정권은 '구역자치'론에 기초하여 민족정책을 결정했기 때문에 티베트 문제도 그와 같은 틀 안에서 대응했다. 그러나 내몽골이나 신장과는 달리 티베트에는 대단히 강력한 달라이 라마 통치에 의한 자치적인 정교일치의 신권(神權) 정권이 존재하여 중화민국 시대에는 거의 독립국가에 가까운 상황을 계속 유지했기 때문에 사태는 중국이 생각하는 것처럼 순조롭게 진행되지 않았다.

이 시기 공산당이 내건 '해방' 논리의 정통성은 다음의 두 가지 사항으로 집약될 수 있다.

① 티베트는 중국의 일부이기 때문에 영토를 회복하여 통일을 달성해야만 한다.
② 티베트는 장기간에 걸쳐 영국에 의해 지배되었기 때문에 외국 제국주의의 속박으로부터 해방시켜야 한다.

그 이후 1959년의 티베트 대반란으로 달라이 라마가 인도로 망명하여 인도의 다람살라(Dharamsala)에 망명정부를 수립하자 다음과 같은 사항을 추가했다.

③ 티베트 인민은 달라이 라마를 정점으로 하는 승려 귀족계급의 봉건적 농노제도에 고통을 당했기 때문에 인민을 그 고통으로부터 해방시켜야만 한다.

건국 직전에 '신화사(新華社)'는 사론(社論)을 통해 다음과 같이 티베트 문제를 논했다.

티베트는 중국의 영토이다. 티베트 민족은 중국 각 민족의 대가족에 들어와 한족이나 중국 영내의 타 민족과 형제관계를 맺은 이래 유구한 역사를 아로 새겼다. 티베트 민족과 한족, 중국 영내의 다른 각 민족과의 우의는 영국, 인도의 침략자나 한(漢)·티베트의 반동분자로 인해 파괴되었다. 마오쩌둥의 신민주주의와 중국공산당, 중국인민해방군이 추진하고 있는 소수민족 지원 정책은 티베트 인민을 구하는 별이 되고 있다. 「新華社 社論」, 1949년 9월 3일.

티베트를 '해방'해도 단지 달라이 라마의 구정권 타도를 제창하는 것만이 아니다. 그 이유를 저우언라이는 다음과 같이 말하고 있다.

해방군은 반드시 티베트에 진군해야만 한다. 목적은 영국, 미국의 제국주의 세력을 일소하여 티베트 인민을 보호하고, 내몽골이나 신장과 같이 자치를 실행하도록 하는 것이다. …… 각 민족 지역의 공작에서는 상하관계의 문제가 발생할 가능성이 있다. 각 민족의 내부에는 억압자와 피억압자가 있다. 나쁜 경우에는 억압자 가운데 또한 피억압자가 있다. 이 문제를 어떻게 해결할 것인가? 일률적으로 반대할 것인가? 우리들은 일률적으로 반대할 수 없다. 그 억압자의 태도를 보아야만 한다. …… 만약 달라이 라마가 제국주의와 국민당 반동파로부터 억압을 받는다면 우리는 그와 협력해야 한다. …… 종교신앙의 문제에 관해서 말하자면 종교의 신앙은 자유이다. 간섭할 수 없다. 타인의 신앙은 존중해야만 한다. 티베트는 정교일치를 실행하고 있다. 우리들은 단지 정교분리를 추진해야만 한다. 공통의 적이 타도된 이후에도 정치적으로 보장하고 경제문화가 제고된 이후에 모든 것을 해결할 수 있다. 공작을 함에 있어서 위급한 것은 피하지 않으면 안 된다. 수많은 인민이 개혁을 요구하는 때가 되어 처음으로 개혁이 가능한 것이며 상하, 내외의 관계를 처리할 수 있는 것이다. 「關於民族政策問題」, 1950년 4월 27일.

한족도 티베트족도 '대가족'의 품에 들어와 중국을 형성한다. 민족의 우호를 손상시키는 제국주의 열강을 추방한다. 달라이 라마의 지배를 직접적으로 타도하지 않는다. 그러나 정교일치(政敎一致)는 서서히 정교분리(政敎分離)로 유도한다. 결론적으로는 이러한 내용이다. 이와 같은 배경에서 베이징에서는 중국과 달라이 라마 정권과의 협력이 추진되어 티베트 지방정권 전권(全權) 대표 간에 이른바 '17개조 협약'이 체결되었다.

1. 티베트 인민은 단결하여 제국주의 침략세력을 티베트로부터

쫓아내고 티베트 인민은 중화인민공화국이라는 조국의 대가족으로 회귀한다.
2. 티베트 지방정부는 인민해방군의 티베트 진입에 적극적으로 협력하여 국방을 강고하게 한다.
3. 중국인민정치협상회의 공동강령의 민족정책에 기초하여 중국인민정부의 통일된 지도 아래 티베트 인민은 민족구역자치를 실행할 권리를 갖는다.
4. 티베트의 현행 정치제도에 대해서 중앙은 변경하지 않는다. 달라이 라마의 고유한 지위와 직권에 대해서도 중앙은 변경치 않는다. 각급 관원은 그대로 직무를 수행한다.「中央人民政府和西藏地方政府關於和平解放西藏辦法的協議」, 1951년 5월 23일.

여기에서도 '대일통'적 개념인 '대가족'이 사용되었다. 달라이 라마는 그 지위를 보장받는 대신 티베트에 인민해방군을 주둔시켜 정치를 감시하는 것이 된다. 동 협약 제1조에 대해 인도로 망명한 이후 달라이 라마는 다음과 같은 의문을 제기했다.

티베트에 주둔했던 외국세력은 1912년에 토벌된 청 왕조 군에 의해 최후를 맞이했다. 그러나 내가 아는 한 그 당시 티베트에는 한 줌의 유럽인밖에 존재하지 않았다. 그런데 '조국에 복귀(회귀)

한다'고 하는 것은 정말 수치스러움을 모르고 만들어낸 말일 것이다. 티베트는 과거에 한 차례도 중국의 일부였던 적이 없다.『달라이 라마 자서전』.

중국 측의 해석으로는 이 '17개조 협약'은 협의의 결과로 조인된 것으로서 중국은 티베트를 평화적으로 해방했다는 표현을 사용하고 있다. 이 기본협약에도 미묘하게 거짓된 차이점이 있다. 달라이 라마는 다음과 같이 말한다.

> 이것이 내게 최후통첩으로 전해졌다. 우리 대표단은 이에 대해서 어떤 변경을 가하는 것도, 어떤 제안을 하는 것도 허가되지 않았다. 우리 대표단은 모욕되고 매도되어 그 신체에 가해지는 폭력으로 협박받았다. 게다가 티베트 국민에 대해서 그 이상의 군사행동을 전개할 것이라고 위협받았다. 그럼에도 이로부터 먼저 훈령을 요구했기 때문에 나에게도 우리 정부에게도 조회(照會)하는 것이 허락되지 않았다.『이 비극의 나라, 우리 티베트』.

티베트의 대표단이 베이징에 들어온 후 라싸와 연락도 하지 못한 채 조인을 강요받은 부당한 협약이라는 것이다. 따라서 티베트 측은 확실하게 강요받은 부당한 차별적인 협약이라고 생각하고 있음에 틀림없다. 마오쩌둥도 다음과 같이 티베트 측의 반발을 우려하고 있다.

> 티베트의 상층부로부터 보면 지금의 경우 협약의 전면적 실시와 티베트군 개편의 이유는 아직 충분하지 않다. 이후 몇 년이 지나면 지금과는 달라져서 그들도 협약의 전면적 실시와 티베트군의 개편을 할 수밖에 없을 것이라고 생각하게 될 것이다. 만약 티베트군이 반란을 그것도 한 차례가 아닌 몇 차례 일으켜서 모두 우리 군의 반격에 의해 억압될 경우 우리들이 티베트군을 재편할 이유는 다양하게 될 것이다. 아무래도 두 명의 사륜(司倫, 달라이 라마 배하의 행정관)만이 아니라 달라이 라마와 그 집단의 다수도 이 협약은 무리하게 수락된 것이라고 생각하고 있으며 실시할 계획이 없을 것이다. 우리에게 지금은 협약을 전면적으로 실시할 사회적·경제적 기반이 없을 뿐만 아니라 협약을 전면적으로 실시할 수 있는 대중적 기반도 없고 또한 상부에서도 협약을 전면적으로 실시할 수 있는 기반이 존재하지 않는다. 무리하게 실시해도 해가 많고 이익이 적다. …… 우리들은 오로지 생산, 무역, 도로건설, 의료, 통일전선(다수를 결집하여 철저히 교육한다) 등의 좋은 것을 실행하여 대중의 지지를 얻을 때가 무르익는 것을 기다려 협약의 전면적 실시에 대한 문제를 고려하면 된다.「中共中央關於西藏工作的

方針」, 1952년 4월 6일.

사실상 이 방침은 티베트에 대해서 중국 측이 '17개조 협약'을 무리하게 강요했다는 것을 마오쩌둥과 공산당 중앙이 인정한 것과 같다. 향후 예상되는 티베트의 대중적 반감을 배경으로 한 반란을 군사적 탄압으로 해산시키고 거꾸로 지배기반을 부동의 것으로 하여 시간을 들여 지배를 달성하면 된다고 하는 지령인 셈이다. 티베트 진군을 '평화해방'이라고 부르지만 티베트의 상층부도 대중도 모두 환영하지 않았다는 것을 마오쩌둥은 솔직하게 인정하고 있다. 따라서 이제부터 장기간에 걸쳐 대중의 반감을 누그러뜨려 우호적인 상태로 의식을 변화시킨다는 것이다.

식민지 경영은 결국 반발을 만들며 반란의 위험을 초래한다. 따라서 식민지 경영에서는 군사적 압력과 동시에 시민생활의 향상을 지향하는 인프라 정비, 산업개발을 추진하여 대중적 지지를 얻고자 노력해야 한다. 이러한 공산당 방침은 실제로 제국주의 열강이 실시했던 식민지 경영의 모습과 비슷한 것이라고도 할 수 있다.

마오쩌둥이 '예상'했던 것처럼 티베트의 혼란은 계속되었다. 그 정점이 1959년 3월 10일의 라싸에서 일어난 대규모 폭동이다. 티베트는 이를 '민족봉기'라고 부르며 중국은 '반란'이라고 부른다.

라싸의 티베트인들은 달라이 라마가 중국에 납치된 것이 아닌가 하고 달라이 라마가 거주하는 여름 궁전 노르브린카에 모여들어 그 인원이 1만~3만 명으로 늘어났다. 이들은 '한족을 추방하자', '티베트에게 독립을' 등의 구호를 부르짖었다. 집회에서는 '17개조 협약'의 파기와 한족 전체를 티베트로부터 추방한다는 내용이 결의되었다. 이렇게 폭동으로 발전하여 중국군과의 충돌이 시작되었다.

혼란을 수습할 수 없게 된 달라이 라마는 17일 라싸를 탈출하여 인도로 망명했고, 그곳에서 망명정부를 수립했다. 이는 오늘날까지 지속되고 있는 망명정부이다.

이러한 봉기 및 반란에 대해 중국정부는 사태가 발생한 직후 다음과 같이 말했다.

> 티베트정부는 이미 협약을 어기고 조국에 반역하고 티베트의 전역에서 반란을 일으켰다. 사태는 티베트 상층 반동분열분자와의 결전을 가져왔고, 반란을 평정시키고 티베트 문제를 철저하게 해결하기 위한 전쟁을 추진한다. 「中共中央關於西藏平叛實現民主改革的若干政策問題的指示」, 1959년 3월 21일.

티베트가 중국에 반역했기 때문에 반란을 평정하기 위한 전쟁을 한다는 구도이다. 중국은 계엄령을 발동하여 국무원은 3월 28일에 달라이 라마가 없어진 티베트정부를 해체시키고 그 권한을 티베트 자치구준비위원회에 위임했다. 그리고 1965년 9월 티베트를 정식으로 티베트 자치구로 만들었다.

1951년부터 1959년까지는 공산당과 달라이 라마의 병립상황이었다. 그 때문에 공산당은 달라이 라마의 지배를 직접적으로는 비판하지 않았다. 왜냐하면 대다수의 티베트 민중이 티베트 불교를 절대적으로 신봉했기 때문이다. 그러나 달라이 라마가 망명하자 공산당은 전면적으로 달라이 라마를 비판하기 시작했다.

> 티베트의 현재 사회제도는 매우 뒤처진 농노제도이다. 「第二屆 全國人民代表大會第一次會議關於西藏問題的決議」, 1959년 4월 28일.

이 시기부터 중국은 달라이 라마 지배체제를 정교일치의 '농도제도'였다고 규정하고 승려, 귀족을 토지와 농민을 독점하는 '농노왕'이라고 규탄했다. 따라서 티베트의 개혁은 사회주의 건설을 통해서 농노를 해방시키고 토지를 제공하고 민주적인 사회를 실현하는 것이라고 언급하게 되었다.

사회주의로의 이행과정에서는 민족모순보다도 계급모순이 중요시된다. 문화대혁명이 시작되기 직전인 1965년 티베트에 대한 개혁과제를 중국정부는 다음과 같이 취급하고 있다.

> 티베트 해방으로부터 15년, 특히 반동 농노왕의 반란을 평정하여 민주혁명을 개시한 지 약 5년 동안 정치, 경제, 문화 등의 각 방면에서 천지가 뒤집힐 정도의 변화가 발생했다. …… 티베트 100만의 농노는 당의 지도에 의해 스스로의 손으로 봉건농노제도를 철저하게 타파했다. …… 장기간 동안 생활에 어려움을 겪었던 농노와 노예는 결국 일어서서 신사회의 주인이 되었다. …… 마오쩌둥 동지는 말했다. '민족투쟁은 하나의 계급투쟁이다.' 티베트 사회의 계급투쟁은 농노계급과 봉건 농노주계급 간의 투쟁이다. 티베트 농노계급은 특히 빈곤한 농노와 노예(유목지대의 빈곤한 유목민과 유목노동자)이다. …… 100만의 농노와 티베트의 봉건 농노주계급 사이의 모순은 결코 조화될 수 없다. 반동적인 농노왕은 야만적인 봉건농노제도를 유지하기 위해서 티베트의 혁명에 광분하여 반대했다. 달라이 라마를 수령으로 하는 한 줌의 티베트 상층 반국가집단은 인도 반동파의 교시를 지지하면서 또한 반혁명 무장반란을 발동했다. 「爲建設社會主義的新西藏而奮鬪」, ≪人民日報≫ 社論, 1965년 9월 10일.

달라이 라마파는 '농노계급'을 고통스럽게 한 '봉건 농노주 계급'이다. 티베트의 '민중봉기'는 '반혁명 무장반란'이다. 바로 민족문제를 계급투쟁으로 바꾸어, 모순은 중국과 티베트의 사이에 있는 것이 아니라 달라이 라마 등 지배계급과 일반의 농민 사이의 관계에 있는 것으로 언급하고 있다.

그렇다면 계급투쟁이 강조되지 않게 된 현재는 어떤 형태로 취급되고 있는가? 본격적인 '티베트 백서'로 유명한 「티베트의 주권귀속과 인권상황」은 다음과 같이 말한다.

> 1959년에 민주개혁이 일어나기까지 티베트는 정교일치의 승려, 귀족 전제의 봉건농노제 사회였다. 그 어두움, 그 잔혹함은 중세 유럽의 농노제 이상의 것이었다. 티베트의 농노주 세력은 주로 3대 영주 ― 관료, 귀족, 사원의 상층부 승려였다. 그들은 티베트 인구의 5%에 불과했지만 경지, 목장, 삼림, 산하의 모든 것 및 대부분의 가축을 점유했다. 「西藏的主權歸屬與人權狀況」, 1992년 9월 22일.

기본적으로 티베트에 대한 인식은 변하지 않았다. 그러나 지금은 계급투쟁이 강조되지 않고 있다. 오히려 강조되고 있는 것은 티베트의 주권이 어디에 귀속되는가 하는 문제이다. 동 백서는 아래와 같이 말한다.

13세기 중엽, 티베트는 정식으로 중국 원 왕조의 판도에 들어갔다. 그 이후 중국에서는 몇 차례의 왕조가 흥망을 거듭했고 수차례에 걸쳐 중앙집권이 교대했음에도 불구하고 티베트는 줄곧 중앙집권의 관리하에 있었다. …… 100여 년 동안 중국의 중앙정부는 티베트 지방에 대해 주권을 계속 행사했으며 티베트 지방이 독립국이 된 일은 없었다. 「西藏的主權歸屬與人權狀況」, 1992년 9월 22일.

이것이 '티베트는 중국의 영토다'라는 주장의 논거이다. 이에 대해 가소롭다고 생각할지도 모르겠다. 티베트는 중국의 판도에 들어간 것이 아니라 몽골제국에 의해 지배된 것이 아니었는가? 이적(夷狄) 몽골이 중국과 동시에 이적(夷狄) 티베트를 함께 지배한 것이다.

그러나 현재 공산당의 역사 해석으로는 몽골에 의한 원 왕조도 만주에 의한 청 왕조도 중국의 왕조라는 인식으로 통일되고 있다. 이민족 왕조의 지배가 아니라 같은 '중화민족'의 왕조 지배라고 하는, 대단히 역사적 사실을 무시한 해석을 하고 있다. 따라서 티베트를 몽골족이나 만주족 그리고 한족이 지배하는 것은 결코 주권의 침해가 아니지만 영국이 지배하는 것은 주권의 침해라는 인식은 변하지 않고 있다.

영국 등의 제국주의 열강의 지배로부터 독립하는 것은 민족

투쟁으로서 평가되지만 신해혁명과 같이 만주 지배로부터 티베트가 독립하는 것, 그리고 공산당 정권으로부터 티베트가 독립하는 것은 분열주의의 책동이 되는 것이다.

4. 대가족을 통한 중화민족의 강조

중국의 민족정책에서 다민족에 의한 '대일통'적 단결이 강조될 때에 사용되는 개념은 '대가족'이나 '국족' 혹은 '중화민족'이라는 단어이다. 공산당은 '대가족'이라는 단어를 남용했다. 실제로 이 '대가족'이라는 용어는 자의적으로 만들어진 개념이다. 전통적으로 중국의 각 민족이 '대가족'의 가운데에서 우호적으로 지낸 것은 아니다. 이제까지는 사이가 나빴지만 이제부터는 우호적으로 '대가족' 가운데에서 지내야만 한다는 내용으로 만들어진 이념이다. 거의 '사해 안은 모두 형제다'라는 아름답지만 실현이 불가능한 이념과 같은 것이다.

저우언라이는 건국 직후인 1950년 6월 다음과 같이 엄중한 현실을 말했다.

> 우리나라의 역사에서 각 민족 간의 모순은 대단히 컸다. 한족

은 소수민족과의 관계에서 소수민족에 대해 미안한 짓을 했었다. 금후 우리 한족은 그것을 대신하여 그들에게 사죄해야만 한다. 오늘날의 중국은 과거의 중국과 다르며 다시 소수민족을 압박하는 일이 없다고 설명해야 한다. 한 차례로 끝나지 않으면 몇 차례라도 설명해야만 한다. 사람들은 결국 당신의 말이 진심이라는 것을 이해하게 될 것이다. 「關於西北地區的民族工作」, 1950년 6월 26일.

저우언라이의 말에서 알 수 있는 바와 같이 결코 '대가족'이라는 현실이 과거에 존재했던 것이 아니다. 상황에 맞게 만들어진 새로운 개념이다. 저우언라이는 각 민족 대표들을 초청한 연회에서 다음과 같이 말했다.

> 수천 년 동안 중국의 각 민족은 단결하지 않았다. 심각하게 상호 간에 적대시했다. …… 올해 상황은 크게 달라졌다. 우리들 각 민족 인민이 공동으로 노력하여 미국 제국주의의 주구인 장제스를 우두머리로 하는 국민당 반동통치를 타도하고 중화인민공화국을 건설했다. 이렇게 하여 중국의 각 민족 간의 관계는 근본적으로 변했다. …… 중화인민공화국의 건설로 각 민족이 우애적으로 협력한 대가족을 길러냈다. 「在歡宴各民族代表大會上的講話」, 1950년 10월 1일.

이와 같은 '대가족'에는 역사적 실체가 없다. '대일통'을 위해서 만들어진 허구이다. 마치 일본이 아시아 각국을 침략하면서 한편으로는 '아시아는 하나다'라며 '대동아공영권'의 형성을 서둘렀던 모습을 연상시킨다.

당연한 일이지만 인위적으로 만들어진 '대가족'은 순풍에 돛을 단 배처럼 나아가지 못했다. '4구(구문화, 구풍습, 구습관, 구사상)'의 타도를 외쳤던 문화대혁명에서 티베트는 절호의 공격대상이 되었다. 티베트 문화를 구성하는 티베트 불교, 사원, 승려의 존재는 진실로 '4구'의 세계 그 자체라고 홍위병에게 비추어졌기 때문이다. 문화대혁명이 일어나자 티베트 불교사원을 시작으로 수많은 티베트 문화가 파괴되었다. 문화대혁명이 시작된 1966년 수많은 한족의 젊은이들이 티베트에 들어가 사원을 파괴했다. 라싸의 대표적인 사원인 조캉사(大昭寺)는 심각한 파괴를 당해 초대소(招待所)가 되었다. 승려는 '우귀사신(牛鬼蛇神)'으로서 삼각모가 덧씌워진 채 시내 가운데로 끌려나왔다. 티베트인은 이 당시의 상황을 다음과 같이 기록하고 있다.

그들은 티베트 문자에 경멸을 보이고, 티베트의 노래와 무용을 금지해버렸다. 티베트인은 중국의 노래를 부르도록 강제되었고, 중국의 옷이 입혀졌고, 중국의 습관이 강제되었다. A. T. 그룬펠드,

『현대 티베트의 길』.

티베트 망명정부의 설명에 따르면, "중국의 공식발표와는 반대로 티베트에서 문화나 종교가 파괴된 것은 대부분 1955년부터 1961년에 걸쳐서 일어난 일이며, 결코 문화대혁명의 시기뿐만은 아니었다. …… 티베트 전체 지역에서 6,259개의 사원들 가운데 1967년에 남은 것은 8개의 사원에 불과했다"(티베트 망명정부 정보·국제관계부, 『티베트 입문』)라고 한다.

문화대혁명은 여전히 수수께끼를 포함하고 있는 부분이 많지만 문화대혁명으로 주도권을 장악한 마오이즘 원리주의자가 볼 때 '종교는 아편'이며 티베트 불교라는 종교국가에 가까운 티베트 사회는 시대에 뒤떨어진 '아편 소굴'로 비추어졌을 것이다. 따라서 티베트를 구하기 위해서는 무엇보다도 '아편 소굴'인 사찰과 비구니 사찰을 파괴하는 것이 바른 혁명노선이라고 인식했다. 그러나 여기에는 이러한 이데올로기적 구제의 논리가 있을 뿐만 아니라 실제로는 티베트를 낙후되고 무지몽매한 사람들이 꿈틀거리는 야만적인 종족이라고 보는 차별적 교만함이 있었던 것은 아니었겠는가? 티베트는 종교적 봉쇄로부터 해방되지 않은 불행한 세계라고 말이다. 이데올로기적 원리주의에는 민족적 차별주의가 내포될 위험성이 있다.

이와 같은 문화대혁명의 파괴에 대해 덩샤오핑(鄧小平)은 다음과 같이 말한다.

> '문화대혁명'으로 소수민족이 피해를 받았지만 이 현상은 우리들이 소수민족을 적대시하고 있는 것을 의미하는 것은 아니다. 그 당시 소수민족은 손해를 입었지만 최대의 피해를 받은 것은 한족이기 때문이다.「立足民族平等, 加快西藏發展」, 1987년 6월 29일.

그러나 티베트인의 입장에서 볼 때 문화대혁명 이전에 파괴가 시작되어 문화대혁명에 의해 한족 젊은이들이 티베트에 계속 압박을 가해 티베트족의 자랑거리였던 사원을 파괴하고 티베트족에 대해 폭행을 가한 것은 민족적 증오심을 초래할 것임에 틀림없는 일이다.

덩샤오핑의 '개혁·개방' 정책이 진행되자 변강지구는 매장자원의 보고로서 이에 대한 직접적인 지배가 중시되었다. 시장원리에 기초한 개혁을 추진하는 과정에서 자원이 풍부하게 매장된 보고인 변강지역에 대해 손을 뗄 수 없었을 것이다. 이와 같은 이익 확보를 위해서 여전히 '대가족'으로서의 단결·통일은 불가결하다.

후진타오(胡錦濤)도 '대가족'이라는 단어를 사용하면서 소수민족의 단결을 다음과 같이 강조하고 있다.

> 그들(소수민족)의 기본적 생활을 보장하면서 사회주의 대가족의 따뜻함을 실감시키도록 하자. 「切實把各族人民的利盆落實到發展的各個方面」, 2005년 3월 5일.

각 민족은 '대가족'의 따뜻한 화롯불에 들어가 사이좋게 살게 되는 것이다. 그러나 '대가족'(환언하면 '대일통')이라는 용어는 대단히 정서적인 관념이며 대중에게 설명하기 위한 개념으로서는 이해하기 쉬운 것이면서도 과학적 사고를 취지로 하는 마르크스주의자를 자칭하는 공산당으로서는 어딘가 세속적이며 견실한 강령에 부합되지 않는다는 측면이 있다.

바로 여기에서 등장하는 것이 페이샤오퉁(費孝通)의 '중화민족 다원일체구조론(中華民族多元一體構造論)'이다. 청나라 말기 혁명파에 의해 정립된 개념인 '화이지변'에 대해서는 장빙린 등 저명한 이론가가 앞을 다투어 각자의 이론을 주장했다. 그렇지만 현대에는 이와 같은 이론적 대가들이 출현하기 어렵다. 이 가운데 중국공산당의 민족론에 큰 영향을 미친 사람이 사회학·민족학의 권위자였던 페이샤오퉁으로서 그의 역할이 크게 부각되었다.

페이샤오퉁의 '중화민족 다원일체구조론'이란 무엇인가? '중화민족'은 '다원적이면서도 일체'라고 하는 결론은 일견 모순되는 것처럼 보인다. 도대체 그것은 무엇을 의미하는가? 페이샤오퉁은 다음과 같은 결론을 내리고 있다.

중화민족의 자각적인 민족 실체는 최근 100년간에 걸친 중국과 서구 열강과의 대항의 과정에서 출현한 것이지만 자연발생체로서의 민족 실체는 수천 년의 역사과정에서 형성된 것이다. ……무엇보다 분산, 독립하여 존재했던 수많은 민족단위가 접촉, 혼합, 연결, 융합을 통해서 혹은 분열과 소멸을 반복하면서 …… 각각의 개성을 지니면서 다원통일체를 형성했다. …… 상당히 이른 시기에, 즉 3,000년 전부터 황하 유역에 출현한 약간의 민족 집단이 융합하여 그 핵심을 형성한 후 화하(華夏)로 일컬어졌다. 눈이 굴러가는 것처럼, 구르면 구를수록 커지게 되어 주위의 이민족을 핵심부분에 흡수했다. 황하와 장강의 중하류에 위치하는 동아평원을 포위한 이후 타 민족으로부터 한족이라고 불리게 되었다. 한족은 계속해서 타 민족의 성분을 흡수하여 나날이 충실하게 확대하여 다른 타 민족의 거주지에 침투하여 사람들을 응집시키고 연대하는 작용을 갖는 네트워크를 만들었다. 이렇게 하여 이 강역 내의 수많은 민족을 연합시켜 분할할 수 없는 통일체의 기초를 세왔다. 그래서 자연발생체로서의 민족 실체를 형성하여 더욱이 시간이 흘러감에 따라 민족으로서 자각하여 중화민족이라고 칭해지게 되었다. 「中華民族多元一体格局」, 1989년.

모리 가즈코의 『주변으로부터의 중국(周邊からの中國)』에서 페이샤오퉁의 주요 논점을 이해하기 쉽게 세 가지로 정리하고 있는데 이를 아래에 소개한다.

우선 첫째, 한족 자체가 역사적으로 중국 영역에서 발생한 여러 민족의 접촉, 혼합, 융합의 복잡한 프로세스를 통해서 만들어진 가운데에서 '중화민족의 응집적 핵심'이 되었다는 것이다. 둘째, 중국 영역 내에 거주하는 여러 민족이 그 형성은 다원적이지만 일체를 형성하여 '중화민족 다원일체의 구조'가 만들어졌다는 것이다. 셋째, 이러한 '중화민족'이 '자연발생적인 민족 실체'로서 수천 년 이전부터 서서히 형성되었지만 19세기 중엽부터 열강과 대항하는 가운데에서 '자각적인 민족 실체'가 되었다는 것이다.

페이샤오퉁 이론의 특징은 한족의 팽창을 소수민족으로부터의 주체성의 박탈이라고 파악하지 않고 있는 점에 있다. 거꾸로 한족의 눈부신 발전과 팽창은 후진적인 소수민족이 발전하기 위한 구제에 공헌했다는 시각으로 일관되고 있기 때문이다. 페이샤오퉁은 한 걸음 더 나아가 다음과 같이 말한다.

> 실제로 '선진이 후진을 돕는다'는 원칙으로 사물이 나아가며 선진적인 민족이 경제, 문화의 각 방면에서 후진적인 각 민족의 발전을 지원했다. 국가는 소수민족 지역에 우대정책을 부여하는 것뿐만 아니라 절실한 원조를 해야만 하며 현재 우리들은 그와 같이 하고 있다. 「中華民族多元一体格局」, 1989년.

그것은 소수민족에 대한 침략도 아니고 주체성의 박탈도 아니고 후진적인 소수민족이 기뻐하는 선의의 팽창이라고 한다. 이렇게 '화하(華夏)' → '한족' → '중화민족'으로 발전한 민족 실체를 완성시켰다고 설명한다.

말하자면 티베트, 몽골, 위구르 등의 변강민족을 한족에 대항하는 자립적인 이민족으로 파악하지 않고 '중화민족'의 가운데에 소수민족으로서 편입시켰다. 따라서 허약한 소수민족은 위대한 다수민족인 한족에게 원조를 받는 것을 통해서만 발전할 수 있다. 따라서 독립했던 존재로서 이민족의 자긍심과 주체성의 박탈은 정당화되었다.

사실 중국공산당이 이제까지 제창해온 '대가족'이라는 것은 실체가 없는, 민족통일을 위한 허구라고 설명했지만 페이샤오퉁은 '대가족'에 있는 '중화민족'을 점진적으로 형성되어온 실체적 개념으로서 설명하고 있는 것이 특징적이다. 이것이 바로 공산당이 비약한 원인이라는 것이다. 다민족 융합의 '대가족'을 다원일체의 '중화민족'으로 치환시켜 공산당의 민족정책을 정당화하고자 했다. 이와 같이 쑨원 이래 제창되었던 허구로서의 '중화민족'이 실체 개념으로서 강조되었다. 부정적으로 말하면 페이샤오퉁은 공산당의 소수민족 지배의 실태에 학술적인 먹물을 그럴 듯하게 포장하여 덧씌운 '어용학자'이다.

모리 가즈코는 "민족은 만들어진다"고 주장하며 "통치가 미치지 않았던 변경의 원주민을 중화인민공화국의 '인민'으로서 통합시키기 위한 작업의 일환으로, 그들에게 귀속 의식을 심고자 1950년대 초부터 활발하게 행해진 민족조사·식별공작, 언어창조 공작은 현대적 용어로 말하자면 '위로부터의 국민형성'이며 결여될 수 없는 프로세스였다"(모리 가즈코, 『주변으로부터의 중국』)라고 평가한다. '중화민족'이 '만들어진' 것에 의해 한족 자신, 자신이 한족이라는 정체성은 있어도 중화민족이라는 정체성은 없는 상태로 '중화민족'이 된 것이다. 마찬가지로 소수민족 중에서도 티베트족과 같이 강한 정체성을 갖고 있는 민족도 있으며, 자신이 여기에 속한다는 의식이 없는 상태로 소수민족이라는 꼬리표를 부여받게 된 경우도 있다. 어떤 측면에서 보아도 '중화민족'은 정치적으로 제기된 '대가족'과 마찬가지로 정치적으로 만들어진 개념이며 '자연발생적인 민족 실체' 혹은 '자각적인 민족 실체'라고 말할 수 없다.

흥미로운 것은 이와 같은 '중화민족'의 개념이 역사적으로 소급되어 사용되는 경우가 발생한 일이다. 고구려로 일컬어지는 고대 국가가 중국의 국가인가 아니면 한민족(韓民族)의 국가인가에 대한 귀속문제를 조사해보면 고구려는 중국의 국가라는 기술을 볼 수 있다(楊春吉·耿鐵華 主編, 『高句麗歸屬問題硏究』). 물론 이에 대해 한국이나 북한은 고구려가 한민족의 국가라며 양보할 수 없는 것은 당연하다. 고구려를 둘러싸고 북·중, 한·중 사이의 대립이 뚜렷하다.

류셴자오(劉先照)와 웨이스밍(韋世明)이 함께 저술한 「중국 역사 속의 민족과 변경지역(中國歷史上的民族與疆域)」이라는 논문은 다음과 같이 설명하고 있다. 여기에는 '중화민족'이 '중국민족'으로 바뀌어 있지만 동일한 의미이다.

1. 무릇 중국의 역사에서 강역 내의 고대 민족은 모두 오늘날 중국민족의 선주민이다. 모두를 중국의 역사에 편입시켜 기술해야 할 것이다.
2. 이러한 민족 가운데 어떤 민족(흉노, 토번)은 중국에 귀속하기

전에 독립한 민족국가라고 해도 중국에 귀속한 후는 다시 분립하여 건국하는 단계를 포함하여 모두 중국이며, 중국민족이다.
3. 이러한 민족 가운데 어떤 민족(거란, 여진, 몽골)은 국가를 건립하기 전부터 중국에 귀속했다면 오히려 이후에 건국했는가 아닌가에 관계없이 모두 중국이며 중국민족이다. 劉先照·韋世明,「中國歷史上的民族與疆域」.

그리고 다음과 같이 결론을 내리고 있다.

(변경지역의) 이러한 민족들은 순차적으로 모두 중국에 귀속하여 중국의 한 민족이 되었다. 후에는 모두 중국민족으로 동화 혹은 융합하여 오늘날에는 중국민족의 선민이 되었다. 흉노는 한 왕조에 의해 통일되었고, 토번은 원 왕조에 통일되었고 모두 중국의 일부가 되기 전에는 독립한 국가였지만 통일 이후에는 중국에 속하여 중국민족에 속했다. 거란, 여진, 몽골은 국가를 건립하기 전에 이미 중국의 일부였으며 후에 국가를 건립했지만 중국 국내에서 그 밖의 민족정권과 동시에 존재했던 정권이며 여전히 중국의 일부이다. 이것은 중국 역사상 할거로부터 통일로 향하는 발전과정에 있었던 일시적 현상이며 최후에는 조국이라는 대가족의 가운데에서 통일된다. 劉先照·韋世明,「中國歷史上的民族與疆域」.

'중화민족'이라는 '대가족' 가운데에는 중국 국내에 거주하는 조선족도 포함되어 있기 때문에 그 조선족이 건국했던 고구려나 발해는 모두 중국의 역사로서 말해져야 하는 것이다. 유명한 고구려 왕국의 기초를 세웠던 광개토대왕(호태왕)의 비문은 현재의 중국 지린성(吉林省)에 있다. 그러나 고구려는 그 이후에 한반도로 이동하여 평양으로 천도했다. 그리고 신라, 백제와 패권을 다투었다. 한반도는 668년에 고구려를 멸망시킨 신라에 의해 통일되지만 고구려는 한국사 가운데에서 말해지고 있다. 발해국은 고구려계의 지도자에 의해 건국되었다고 하는데 확실히 여진족도 포함되어 있으며 의견이 나뉘고 있다. 그러나 한반도에서 고구려, 발해는 모두 한민족(韓民族)의 국가로 간주되고 있다. 이것을 '중국민족의 선주민이다'라고 말한다면 민족적 자존심이 높은 한민족이 노하게 되는 것은 당연하다. 이와 같은 논리에 따라 말하자면 한반도도 과거 몽골족의 원나라에 의해 지배받았기 때문에 한민족이나 한반도의 한국·북한이라는 국가도 중국의 일부가 되어버린다. 실제로 거기까지는 주장하고 있지 않지만 허구에 불과한 '중화민족'이 실체적 개념으로서 확대된다면 이와 같은 '코미디'가 학문의 세계에서도 펼쳐지게 된다.

결론

 마지막으로 '5족 공화'와 관련된 쑨원의 비판을 재고찰하는 것을 시작으로 결론을 맺고자 한다. 그가 제기한 비판의 요지는 '화이지변'의 논리와 '민족우열 차별주의'로 구성된다. 우선 우수한 한족(漢族) 혹은 중화와 능력이 열등한 소수민족 혹은 이적(夷狄)을 구분하여 유능한 민족과 무능한 민족으로 구분하는 것으로부터 시작된다. '5족 공화'는 5족 간의 평등을 제창했지만 쑨원은 권리에서 평등하다는 것을 인정하면서도 능력에서는 불평등하다고 보았기 때문에 5족이 대등한 관계를 맺는 '5족 공화'는 인정할 수 없었다.

 쑨원의 사상은 일종의 우민관(愚民觀)으로 일관했다. 일반 민중의 자율성을 인정하지 않는 초엘리트주의에 입각해 있는 것이다. 그는 '천부적인 평등'을 부정하고 인간의 능력은 불평등하다는 시각에서 출발한다. 쑨원은 인간을 능력에 따라 여덟 가지 부류로 나누어 상하의 순위를 다음과 같이 정했다.

성(聖) — 현(賢) — 재(才) — 지(智) — 평(平) — 용(庸) — 우(愚) — 열(劣) 「三民主義」, 1924년.

이와 같은 기준으로 인간을 출생과 함께 현명한 부류와 우매한 무리로 구분 짓는 것이다. 쑨원 자신은 당연하지만 '성인(聖)'이나 '현인(賢)'에 속한다. 권력을 예비하는 엘리트 집단은 반드시 상위 출신이어야만 한다. 그렇지 않을 경우 나라가 다스려지지 않기 때문이다. 『대학(大學)』에서 언급되고 있듯이 뛰어난 현인만이 '수신, 제가, 치국, 평천하(修身, 齊家, 治國, 平天下)'를 실현할 수 있기 때문이다.

> 혹은 다음과 같이 선지선각자(先知先覺者) — 후지후각자(後知後覺者) — 부지불각자(不知不覺者)의 세 부류로 구분된다. 인간이라는 관점에서 논하자면, 말하자면 세 가지의 계통이 있다. 첫 번째 선지선각자는 창조하여 발명하는 것이며, 두 번째 후지후각자는 모방하며 추진하는 것이고, 세 번째 부지부각자는 힘을 내

어 즐겁게 성취하는 것이다. 「建國方略之一 孫文學說: 行易知難〈心理建設〉」, 1918년.

즉, 인간을 우수한 '성인', '현인', '재인'(선지선각자)과 어느 정도의 '지식이 있는 사람', '평범한 사람', '중용한 사람'(후지후각자) 그리고 무능한 대중인 '우매한 사람', '열등한 사람'(부지불각자)으로 대별하고 있다. 선지선각자가 입안하여 결정한 방침을 부지불각자에 해당하는 대중은 규정된 그대로 실행한다는 상명하달식의 일방적인 지배였다.

그런데 사람의 우열을 나누어 구분한 이유는 무엇인가? 쑨원의 우열에 입각한 차별주의는 어리석은 대중을 멸시하기 위한 것이 결코 아니었다. 대중에게는 스스로를 관리할 능력이 부족하기 때문에 스스로 충분히 깨달을 수 있고 사물의 전체상을 살필 수 있는 '성인' 혹은 '현인'에 의해 국가나 사회가 관리·통솔되어야 한다는 것을 강조하기 위해 인간을 '성인(聖)'에서 '열등한 사람(劣)'까지 구분한 것이다. 대중에 의한 정치 참여는 '중우정치(衆愚政治)'로 변질될 수 있다고 우려하여 선발된 현인 집단을 통해 우매한 대중을 행복하게 하는 선정(善政)을 실현해야 한다는 내용이다. 필자는 이를 '현인정치(賢人政治)를 통한 선정주의(善政主義)'라고 정의한다.

이러한 우열의 구분에 입각한 차별주의가 민족의 영역에 적용될 수 있다. 즉, 중화문명을 만들어낸 한족(漢族)은 말하자면 '성(聖)'·'현(賢)'의 수준에 있는 데 반해 야만스러운 이적(夷狄)으로 길러진 소수민족은 '우(愚)'·'열(劣)'의 수준에 머물러 있는 것으로 간주된다. 민족의 능력도 인간의 능력과 마찬가지로 평등하지 않고 불평등하다는 발상이다. 따라서 앞에서 이미 살펴 본 것처럼 한족에 의한 소수민족 동화론이 다음과 같이 제기되고 있다.

티베트, 몽골, 회, 만의 민족은 모두 자위능력을 갖추지 못하고 있다. 대민족주의(大民族主義)를 더욱 발휘하여 티베트, 몽골, 회, 만의 민족을 우리 한족(漢族)으로 동화시켜서 최대 규모의 민족국가를 건설하는 것은 한인(漢人) 스스로의 결정 여하에 달려 있다.「建國方略之一 孫文學說: 行易知難〈心理建設〉」, 1918년, 106쪽.

그들은 모두 자위능력을 갖고 있지 않다. 따라서 우리 한족(漢族)이 그들을 도와야 한다.「建國方略之一 孫文學說: 行易知難〈心理建設〉」, 1918년.

유능한 현인은 무능한 대중을 지도해야 할 책임과 사명이 있다고 보았다. 쑨원은 이를 훈도(訓導)라고 했고, 이를 위한 정치를 훈정(訓政)이라 명명했다. 마찬가지로 유능한 한족(중국인)은 무능한 소수민족(몽골인, 티베트인 등)을 훈도하여 중국인으로서 동화시킬 사명이 있다고 쑨원은 생각했던 것이다. 이는 실제적으로 '민족우열 차별주의'에 기초한 '동화론'이다. '선지선각자'가 대중을 지도해야 되는 것처럼 '선지선각자인 한족'이 '부지불각자인 소수민족'을 도와야 한다. 이를 위해 소수민족은 한족의 지도 혹은 지배를 받아야 한다는 구조가 결정되는 것이다.

이러한 '민족우열 차별주의'는 현대 중국의 민족정책에도 역력하게 계속 존속되고 있다. 각 민족은 모두 평등하다고 계속 말하지만 다른 한편으로는 소수민족의 자발적·자율적 능력은 결국 완전히 부정되고 있다. 이것은 중국의 원조와 지도 아래 처음으로 티베트가 발전을 할 수 있었고 구제될 수 있었다고 선전하고 있는 티베트에 대한 정책 문서에도 드러나고 있다. 그 이면에는 티베트인들은 독자적인 힘으로 국가를 건립하는 것이 불가능하다는 차별관이 도사리고 있다.

중국 중앙정부는 티베트의 현대화 달성과 발전을 위해서 중앙으로부터 지원을 받을 필요가 있다는 시혜적인 역할을 강조한다. 즉, 수백 년 동안 지속되어온 정교일치의 봉건농노제에 속해 있었던 티베트는 ① 사회제도가 낙후하고 경제적인 착취가 잔혹했으며, ② 계급적 지배가 심각하고 무자비한 정치적 탄압이 자행되었으며, ③ 정교일치로 종교적 질곡이 엄중했고, ④ 발전이 되지 않아 인민의 생활이 고통스러웠다고 규정되었다. 따라서 중국이 티베트를 '해방'시킴으로써 이런 지옥과 같은 현상을 타파할 수 있게 되었다는 것이다. 실제로 중국의 인민해방군은 티베트를 해방한 군대이자 구세군으로서 강조된다.

1980년대 중앙정부는 …… 티베트의 경제발전에 유리한 일련의 우대정책을 집행하여 티베트 경제체제의 개혁과 대외개방을 추진했다. 1984년부터 43개 항목에 걸친 티베트 관련 계획에 대해 국가가 투자하고 전국 9개 성(省)이 지원했다. 개혁·개방 정책의 실시와 국가의 지원 속에 티베트는 공업, 농업, 목축업, 상업, 음식업, 관광업 등의 제3차 산업이 번영하고 티베트의 산업수준과 경제활동에서 상품화 수준이 제고됨에 따라 티베트 경제와 사회의 발전은 새로운 단계에 진입하게 되었다. …… 이러한 50년의 기간은 인류의 역사에서 볼 때 대단히 짧은 순간에 불과하지만, 티베트라는 오래되고 특이한 땅에서 그 어떤 시대에도 볼 수 없었던 거대한 변화가 발생했다. 티베트는 가난하고 낙후되고 그리고 폐쇄되어 정체되어 있던 봉건농노제 사회에 이별을 고하고 문명적으로 개방된 현대 인민민주사회를 향해 끊임없이 발전·진보하고 있다. 國務院新聞辦公室「西藏的現代化發展」, 2001년 11월.

쑨원의 표현을 빌릴 경우 부지불각자(不知不覺者)에 해당되는 낙후한 티베트가 중국의 도움을 받아 현재 발전하고 번영을 누리고 있다는 논리이다. 그렇기 때문에 이제부터 중국의 한 구성원으로서 그와 같은 번영을 함께 누려야 한다는 것이다. 여기에는 페이샤오퉁이 제창한 '선진이 후진을 돕는다'라는 온정주의적 입장이 내재되어 있다.

> 역사적 사실이 설명하고 있는 것처럼 티베트의 현대화는 조국의 현대화와 분리될 수 없다. …… 티베트 현대화의 발전은 오로지 조국의 현대화 과정 속에서 함께 융합하여 전국 인민으로부터 지지와 지원을 얻어야만 역사적인 기회를 확실히 얻어 빠른 발전과 끊임없는 진보·번영을 실현할 수 있다. 國務院新聞辦公室「西藏的現代化發展」, 2001년 11월.

위에서 언급된 '조국'은 다민족으로 구성되는 '중화민족'의 조국이라는 의미로 사용되었지만 실제로는 중국의 지원을 통해 티베트의 발전은 어떻게든 유지된다는 '민족우열 차별주의'의 논점을 살펴볼 수 있다.

청 왕조 말기의 혁명운동은 '화이지변'의 논리에 기초하여 이민족의 지배를 배제하기 위한 중화중심주의(中華中心主義)의 발로였다. 그런데 신해혁명이 성공을 거두자 '사해는 모두 형제'라는 내용의 '5족 공화'가 제창되었다. 이후 쑨원은 5족이 상호 평등한 '5족 공화'를 부정하고 한족 우월론에 근거한 '동화론'을 강조했다.

중국공산당이 결성되고 소련 코민테른의 영향 아래 한족이 지배하고 있던 중국의 중앙부와 변경민족 사이에 '자유연방제'가 제시되었다. 이는 명백하게 화(華)와 이(夷)를 구별한 것이다. 오랑캐 이민족(夷狄)으로 차별과 멸시를 받아온 소수민족의 주체성 회복, 즉 독립을 주창했던 것이다. 그러나 장제스는 이를 잘못된 것으로 보고 소수민족의 자결 등을 부정하는 한편 내몽골이나 신장을 직할의 성(省)으로 편입시켜 버렸다.

마오쩌둥을 중심으로 하는 중국공산당은 정권을 장악하자 소수민족의 독립을 용인하는 '자유연방제'와, 또 자결권 등을 인정하지 않는 성(省)에 대한 직할 정책 모두를 잘못되었다고 하며 자치는 인정하지만 독립은 인정하지 않는다는 내용의 '민족구역 자치제도'를 실행했다. 내몽골이나 티베트, 신장은 '자치구'로서 통일 중국에 편입되었다. 그렇지만 여기에는 민족 간 평등보다 민족 간 우열을 토대로 한 '민족우열 차별주의'의 색채가 짙게 배어 있다.

이와 같이 근현대 중국에서도 '화이지변'과 '대일통'이 눈이 어지러울 정도로 변천을 거듭하며 나타났다. 그렇지만 '화이지변'의 논리는 화(華)가 이(夷)를 멸시하는 '민족우열 차별주의'로 줄곧 일관되었다. 그리고 '화이지변'의 대립적인 개념으로 볼 수 있는 '대일통'도 중화 주도의 '대일통'이라는 중화중심주의가 계속 유지되고 있으며, 현재 '대일통'을 표방하는 현대 중국에서도 '민족우열 차별주의'는 완전히 소멸하지 않고 있는 현실이다.

이것은 다양한 '종족성'에 대한 존중이라는 세계적인 조류에 반하는 것이다. 왜냐하면 구(舊)유고슬라비아 해체과정에서 '민족 정화'라는 이름의 추악한 민족 간 전쟁이 전개되었던 것처럼 다민족으로 구성된 국가에서는 결국 통합에 대한 강요와 독립을 추구하는 분열의 양상이 상호 혼재되어 비등하고 있기 때문이다. '소련제국'의 아킬레스건이 결국 민족문제였던 것처럼 현재 경제적 발전이 눈부신 거대한 '중화제국'의 치명적인 약점도 틀림없이 민족문제에 있다고 할 수 있다.

지은이 후기

중국의 변강민족인 티베트족이나 신장 위구르족의 '반란'은 끊이지 않고 있다. 중국 당국은 이에 대해 우호적으로 공존하고 있는 다민족국가에 대해 반역하는 '분열주의자의 책동'이라고 규정하고 있다. 그렇지만 이것이 그처럼 단순한 사안이 아니라는 것은 본문을 통해서 충분히 이해할 수 있었을 것이다. 일찍이 문화대혁명 시기에 '이유 있는 반란(造反有理)'이라는 표현이 범람했던 적이 있다. 소수민족의 입장에서 볼 때 중국의 소수민족 정책은 결국 이민족에 대한 지배이며, 그와 같은 이민족 지배에 대한 '반역'은 실제로 '이유 있는 반란'이라고 할 수 있지 않겠는가?

자립능력을 갖추진 못한 소수민족은 '중화민족'이라는 '대가족'에 의해 보호를 받아 안전·안정·발전을 확보할 수 있다고 주장한다. 그런데 여기에서 표출되고 있는 것은 우월한 한족(漢族)이 열등한 소수민족에 대해 원조를 제공하는 것을 통해서만 소수민족이 행복해질 수 있다는 '구제'의 논리에 다름 아니다. 과거에 '아시아의 해방'을 내세우며 아시아 각국을 침략했던 일본제국이 파경을 초래한 당시의 논리와 유사하다.

'사해는 모두 형제'라고 해도 '대가족'에는 가족 구성원을 통솔하는 가장이 반드시 존재한다. 그런데 소수민족의 입장에서 볼 때 모셔야 할 가장이 친아버지가 아니기 때문에 이 속에 내재되어 있는 온정주의에는 참을 수 없는 억압주의로 변질될 위험성이 항상 내재되어 있다.

필자는 신해혁명에 의해 탄생한 중화민국을 연구해온 연구자이다. 국민당의 쑨원·장제스, 공산당의 천두시우·마오쩌둥은 혁명운동 속에서 제국주의 열강으로부터의 해방·독립을 주장하는 민족주의를 내세우면서도 과거에 중화제국의 판도로 편입된 소수민족(이 단어 자체에도 차별적인 뉘앙스가 있다. 본래는 이민족이다)과 어떻게 공존할 것인가 하는 심각한 문제에 대해 고뇌했다. 다민족으로 구성된 '중화민족'의 각 민족이 사이좋게 잘 지내야 한다는 중화인민공화국 시대에 있어서도 이 과제는 여전히 존재하고 있다.

이민족의 지배를 타도한 신해혁명이 일어난 지 100년이 흘렀다. 향후 중국의 민족문제는 어떤 모습으로 전개될 것인가? 역사를 거울로 삼아 본다면 역사 속에서 답을 찾아야 할 것이다.

이 책을 집필하게 된 직접적인 계기는 중국 난징 대학 부근의 한 서점에서 책 한 권을 발견하여 손에 넣게 된 것에서 시작된다. 이 책에서도 참조했던 왕춘샤(王春霞)의 『만주족 배척주의와 민족주의(排滿與民族主義)』로, 신해혁명을 중심으로 불타오른 청 왕조 타도를 목표로 한 '만주족 배척(排滿)' 운동의 논리를 상세하게 분석한 젊은 연구자의 연구서이다. '만주족 배척' 혁명이 추구했던 것은 이민족을 배제하고 '단일민족국가'를 수립하는 데 있었다는 결론을 내리면서도 이를 '국가분열'을 초래한 '편협한 민족주의'로 규탄하고 있다. 분명히 한족이라는 '단일민족'으로 국가를 세운다는 논리가 정당화된다면 현 정권이 정통논리로 삼고 있는 '대가족'에 의해 유지되고 있는 '대일통'의 구조가 붕괴된다. 따라서 이민족을 배제하는 '화이지변'의 논리가 부정된다. 현 정권의 방침에 깃들어 있는 정치적 성격을 눈치 채지 않을 수 없었다. 왜냐하면 역사적으로 볼 때 '대일통'이 항상 정통이고 '화이지변'이 항상 이단이었던 것이 아니기 때문이다. 정통이 이단을 대신하고, 이단이 정통을 대신한다. 이것이 바로 역사이다.

이 책이 내리고 있는 결론을 현대 중국이 결코 수용할 수 없을 것이다. 그러나 이 책의 집필 목적은 중국을 비난하기 위한 것에 있지 않다. 중국은 항상 침략을 당한 측의 아픔을 망각해서는 안 된다고 하면서 일본의 역사관을 비난한다. 아픔을 느끼지 않는 역사관이 비난받는 것은 지당한 것이다. 그렇기 때문에 소수민족이라고 불리는 변경의 이민족이 같은 고통을 느끼고 있다는 점을 중국도 이해해야 한다. 이와 같은 생각을 토대로 하여 이 책을 집필했다.

한 때 일본은 '야랑자대(夜郎自大)'가 되어 '위대한 일본만이 주변 국가들에게 행복을 줄 수 있다'는 스스로의 가치관을 내세우며 아시아를 석권했다. 그와 같은 교만이 주변 국가들이 겪었던 아픔을 함께 느낄 수 없게 만들었던 최대의 원인이다. 마찬가지로 눈부시게 경제적 발전을 하고 있는 중국도 거대한 제국을 다시 일으키는 과정에서 '야랑자대'의 함정에 빠지게 될 위험성이 크다. 필자는 중국에서 강연할 때면 언제나 중국이 '야랑자대'의 교만에 빠질 수 있다는 점을 주지시켰다. 주변의 아픔인 변경지역의 아픔을 제대로 살피지 못하고 있기 때문이라고 지적했다. 어쨌든 중국은 야랑국(夜郎國)과 같은 약소국(구이저우성에 있던 야랑국은 한나라 시대에 인구 15만 명 정도의 국가였다)이 아니기 때문에 대국으로서의 중국은 존재 자체가 스스로

존대(尊大)하게 되는 조건을 구비하고 있다. 그렇기 때문에 중국은 항상 스스로를 경계하지 않으면 안 된다. 이를 두려워하는 것이 역사가로서의 책무이다.

이 책을 집필하면서 특히 모리 가즈코(毛利和子), 마츠모토 마스미(松本ますみ), 왕커(王柯), 히라노 사토시(平野聰)의 선행 연구에 큰 자극을 받았으며, 이들 연구성과를 충분히 활용했다. 감사의 마음을 전하고자 한다.

이 책의 완성은 신서(新書) 편집부의 이토 나오키(伊藤直樹) 씨의 도움을 많이 받았다. 슈에이샤(集英社) 신서로서는 필자의 세 번째 출판 서적이다. 언제나 고이누마 히로유키(鯉沼廣行) 씨 덕분이다. 두 분에게 감사의 말씀을 전한다.

2009년

요코야마 히로아키

옮긴이 후기

이 책의 저자인 요코야마 히로아키 교수는 중화사상과 중화민국 시기 정치·외교 분야의 일본 최고 전문가로서 일전에 그의 연구서 『중화사상과 현대중국(中華思想と現代中國)』을 읽은 바가 있었다. 그러던 중 2010년 여름방학 시기에 일본 국립오사카대학 미노(箕面) 캠퍼스에서 연수를 받고 있을 때, 구내 서점에서 이 책을 우연히 발견했다. 그리고 바로 구입하여 당일 완독을 했다. 책의 첫 페이지를 읽는 순간부터 눈을 뗄 수가 없을 정도로 매우 '충격적인' 중화민족의 논리가 역사적 흐름과 함께 잘 소개되어 있었고, 이를 국내 독자들에게 널리 소개할 필요가 있다는 생각을 하게 되었다. 중국의 대외적 행태를 이해하는 데에서 중화의 논리를 이해하는 것은 필수불가결한 것이다.

과연 우리에게 중국이란 무엇인가? 중화란 무엇인가? 중국인은 무엇인가? 중화민족이란 무엇인가? 이와 같은 일견 간단해 보이지만 매우 난해한 질문에 대해 이 책은 중화사상에 대한 거시적 설명을 토대로 중국 지도자들의 실제 육성에 근거한 구체적인 분석을 통해 매우 명쾌한 답을 제시하고 있다. 이른바 신해혁명은 청조를 타파하고 새로운 국가를 건설하기 위한 치열한 '광복혁명'의 움직임이었을 뿐만 아니라 '중화민족'도 탄생시켰다.

한국 경제의 중국에 대한 지속적인 의존도 증가 및 화폐개혁 실패 이후 북한에 대한 중국의 경제적 영향력 증가는 명확해지고 있다. 무엇보다 김정일 국방위원장의 사망 이후 북한의 급변사태를 포함한 한반도 통일과정에서 한국은 앞으로 중국과 실제적인 육상 국경선을 마주하고 양립하게 될 것임에 틀림없다. 이런 맥락을 염두에 두고, 신해혁명 100주년을 맞이해 중화민족의 탄생과 중화의 지배논리에 대한 재검토가 필요하다는 측면에서 이 책에 대한 번역·출간을 기획하게 되었다.

우리가 현재 '중국'이라고 개념화하는 역사지리적 공간은 중화인민공화국의 약칭으로서의 중국이다. 동아시아 최초의 공화국으로서 1911년 발발한 신해혁명을 거쳐 수립된 중화민국(中華民國)이나 국공내전을 거쳐 1949년에 건립된 중화인민공화국(中華人民共和國)의 국가명칭에 모두 '중화'를 내세우고 있다는 점에 주목해야 한다. 이른바 '중국의 부상(浮上)'에 전략적으로 대응하기 위해서는 중화의 논리를 꿰뚫어 보고 향후 지속될 중국의 문화적 공세에 대비해야 한다. 바로 '중화민족의 탄생'에 대한 재검토가 필요한 까닭이다.

번역과 출간 작업 가운데 많은 분들의 큰 도움을 받았다. 무엇보다 어려운 여건 속에서도 이 책이 빛을 볼 수 있도록 출판을 허락해주신 도서출판 한울의 김종수 사장님, 그리고 끊임없는 격려를 해주신 박행웅 고문님께 깊은 감사의 마음을 전하고 싶다. 또한 이 책이 만들어져 나오기까지 처음부터 끝까지 빼어난 솜씨로 정성을 다해주신 편집부의 김현대 팀장님께 진심으로 감사드린다. 신해혁명 발발 100주년, 중화민국 수립 100주년을 맞이하여 이 책이 제때에 출간될 수 있도록 노력해주신 기획실 윤순현 과장님께도 감사드리고 싶다. 끝으로 일반 독자의 입장에서 바쁜 가운데 번역 초고의 내용을 읽고 조언을 해주었던 양태성 연구원과 신태환 연구원에게도 고마움을 전한다.

2012년 2월

일본 도쿄에서

이용빈

연표

■ 청나라 시기

1690년 강희제의 몽골 정벌(울란프톤의 전투)

1720년 청나라 군대가 티베트를 원정하여 준가르군 격파

1727년 청 왕조 정부가 티베트의 2개소에 티베트 상주 대신을 파견

1759년 청 왕조 정부가 신장 천산남로 평정. 카슈가르 등에 참찬 대신, 영대 대신, 판사대신을 분산하여 주재시킴

1888년 영국군의 티베트 침공(제1차 무장침략)

1894년 쑨원이 미국 하와이의 호놀룰루에서 혁명결사 단체인 '흥중회' 결성. '달로 구축, 중화 회복'을 제창함

1895년 청일전쟁으로 '시모노세키 강화조약' 조인

1898년 광서제, 캉유웨이, 량치차오 등의 무술변법(백일유신)이 실패

1900년 의화단을 진압한 8개국 연합군이 베이징으로 진군

1901년 '베이징 의정서(신축조약)'. 러시아군은 그대로 동삼성에 주둔

1902년 캉유웨이가 화교에 답변하는 서간에서 '대일통'의 견지를 강조

1903년	장빙린이 캉유웨이에 반박하여 청 왕조 타도의 종족혁명 주장. 쩌우룽이 「혁명군」으로 '구세의 복수'를 제창. 천톈화가 「맹회두」, 「경세종」에서 '중외일가'설을 규탄. 류스페이가 「황제기년론」에서 한족은 황제의 자손이라고 강조. 쑨원이 「지나보전분할합론」에서 18개 성의 한족 국가 건설을 주장. 량치차오가 한, 만, 몽골, 회, 묘, 티베트 통일의 '대민족주의'를 주장
1904년	영국군의 티베트 라싸 제압(제2차 무장침략). 달라이 라마 13세는 칭하이로 탈출. '영국-티베트 조약(라싸 조약)' 조인
1905년	쑨원 등 혁명파가 대동단결하여 '중국동맹회' 결성
1907년	'멸만'을 부르짖는 쉬시린이 안휘 순무 언밍을 암살하여 처형됨. 양뚜가 '금철주의설'을 통해 5족 공화의 개념을 제기
1910년	청 왕조의 자오얼펑 군대가 티베트에 진군. 달라이 라마 13세를 폐위시킴. 달라이 라마는 인도로 망명
1911년	
10월	신해혁명 발발(무창기의). 리위안훙의 무창정부가 18성 깃발을 게양
12월	외몽골 독립 선언. 보그드 한(황제)제 몽골국 탄생. 남북의화에서 우팅팡 대표가 '만주족과의 공존'을 주장

■ 중화민국 시기

1912년
- 1월   중화민국 탄생. '임시대통총선언'에서 '5족 공화' 선언
- 2월   선통제(푸이)의 퇴위로 청 왕조 멸망
- 3월   「중화민국임시약법」에서 '중화민국의 영토는 22개 행성과 내외의 몽골, 티베트, 칭하이로 한다'라고 명기
- 6월   달라이 라마 13세가 인도에서 티베트로 돌아와 티베트 독립을 선언
- 11월   '러시아-몽골 협약'으로 몽골의 독립을 자치로 격하

1914년
- 7월   티베트, 중국, 영국에 의해 티베트의 실질적 독립을 용인하는 '인도 심라 협정' 체결. 중국은 조인을 거부하고 티베트, 영국만 조인함. 티베트는 영국의 영향하에 들어감. 쑨원이 '중화혁명당' 결성

1915년
- 6월   '중국-러시아-몽골 협약' 체결. 러시아는 몽골의 보호국화에 성공

1917년
- 봄   쑨원이 '삼민주의'를 통해 '5족 공화'론의 오류를 반성하고 한족 중심의 '중화민족' 형성을 강조
- 10월   쑨원이 '중화혁명당'을 '중국국민당'으로 개칭

1920년

9월　마오쩌둥이「후난 건국 문제의 근본문제: 후난 공화국」을 집필하여 중국을 27개의 국가로 분립할 것을 주장

1921년

7월　몽골 의용군이 소비에트 적군의 협력으로 울란바토르에 들어가 중국군을 축출. 천두시우 등이 중국공산당 결성

1922년

7월　공산당은 '제2차 전국대표대회선언'에서 '중화인민공화국'의 건설을 지향. 몽골, 티베트, 회강에 대해 연방으로의 자유 참가를 인정함

1924년

1월　쑨원이 '중국국민당 제1차 전국대표대회선언'에서 '각 민족의 자결권'을 승인. '자유롭게 통일된(각 민족이 자유롭게 연합하는) 중화민국을 조직한다'라고 천명함. 제1차 국공합작 성립

11월　소련의 지지 아래 몽골인민공화국 성립

1925년

3월　쑨원 사망

1927년

4월　장제스의 4·12쿠데타로 국공합작 붕괴

1928년

6월　장제스의 국민혁명군이 북벌에 승리. 국민당 국민정부가 전국 재통일

7월	16년간 신장을 지배했던 양쩡신이 암살되고 진수런이 신장성 주석에 취임

1929년

3월	장제스가 한, 만, 몽골, 회, 티베트 인민이 단결한 '국족' 개념 제기

1931년

3월	위구르족이 하미 지구에서 왕정부활에 반대하는 폭동을 일으킴
6월	「중화민국훈정시기약법」에서 신장, 몽골, 티베트는 중화민국의 영토라고 명기
11월	공산당 「중화소비에트공화국 헌법대강」 발표. '각 약소민족이 중국으로부터 이탈하여 독립한 국가를 스스로 성립시킬 권리를 승인한다'라고 제창함

1933년

4월	신장에서 쿠데타가 발생하여 진수런 하야. 성스차이가 신장을 지배하여 소련에 접근
11월	신장 카슈가르에서 '동투르키스탄 이슬람공화국' 탄생 (제1차 민족독립운동)
12월	달라이 라마 13세 사망

1934년

3월	덕왕이 몽골 지방자치 정무위원회(백령묘몽정회) 설치
5월	동투르키스탄 이슬람공화국 와해

1936년
- 12월 시안사변

1937년
- 9월 제2차 국공합작 정식으로 성립
- 10월 일본군이 후허호트에 괴뢰정권 몽골연맹자치정부 수립

1939년
- 1월 국민당 정부는 티베트 동부의 구(舊)천변특별구를 시캉성으로 함
- 9월 일본군은 지배지역을 넓혀 몽골연합자치정부 수립
- 12월 마오쩌둥은 「중국혁명과 중국공산당」에서 '중화민족'의 단결을 역설

1940년
- 1월 달라이 라마 14세가 티베트 라싸에서 즉위

1941년
- 8월 몽골연합자치정부가 몽골자치방으로 개칭

1944년
- 9월 12년간의 성스차이 지배에 대신하여 국민당의 우중신이 신장성 주석에 취임
- 11월 신장 이리 구(區)의 쿠르쟈에서 '동투르키스탄공화국'의 수립을 선언

1945년
- 4월 마오쩌둥이 「연합정부론」에서 재차 '자유연방제' 주장

1946년

1월   소련의 중개로 동투르키스탄공화국과 국민정부 사이에 '평화협정' 조인. 동투르키스탄공화국 와해.

1949년

9월   신체제를 결정한 「중국인민정치협상회의공동강령」에서 '소수민족'의 '구역자치' 제도를 확립

■ **중화인민공화국 시기**

1949년

10월   공산당에 의해 중화인민공화국 성립
12월   공산당 정권은 신장성 인민정부를 수립하여 신장 지배 완성

1950년

10월   인민해방군이 동티베트를 무력침공

1951년

5월   달라이 라마 14세 정권과 중국이 '티베트의 평화해방에 관한 협약(17조 협약)' 체결
9월   약 3,000명의 인민해방군이 라싸에 들어가 티베트를 중국의 영토로 '통일'

1959년

3월　티베트에서 반중국 민중봉기. 달라이 라마 14세가 인도로 망명

1960년

5월　인도의 다람사라에 티베트 망명정부 설립

1965년

9월　티베트가 정식으로 중화인민공화국 티베트 자치구가 됨

1976년

9월　마오쩌둥 사망

1989년

3월　티베트 라싸의 소란사태에 중국이 계엄령 발동(1991년 5월까지)

7월　페이샤오퉁 '중화민족 다원일체구조론'에서 '중화민족'을 실체개념으로 강조

10월　달라이 라마 14세가 노벨평화상을 수상

1997년

2월　덩샤오핑 사망. '동투르키스탄 이슬람운동(ETIM)'이 조직됨

2006년

7월　칭하이 티베트 철도 개통

2007년

1월　중국당국이 ETIM 훈련 캠프 공격. 18명 살해, 17명 구속

2008년
- 3월 티베트 라싸에서 소란. 세계 각지에서 베이징 올림픽 성화 릴레이에 항의 운동
- 7월 윈난성 쿤밍에서 이슬람계 과격집단(ETIM으로 추정)이 버스 폭탄테러
- 8월 베이징 올림픽 개최

2009년
- 3월 티베트의 라싸 민중봉기 50주년

2011년
- 10월 신해혁명 발발 100주년

2012년
- 1월 중화민국 수립 100주년

주요 참고문헌

■ 일본 문헌

西順藏·島田虔次 編譯.『淸末民國初政治評論集』. 平凡社. 1971年.

西順藏 編.『原典中國近代思想史』第三冊(辛亥革命). 岩波書店. 1977年.

西順藏·近藤邦康 編譯.『張炳麟集』. 岩波文庫. 1990年.

毛利和子.『周邊からの中國: 民族問題と國家』. 東京大學出版會. 1998年.

松本ますみ.『中國民族政策の研究: 淸末から一九四五年までの「民族論」を 中心に』. 多賀出版. 1999年.

王柯.『東トルキスタン共和國硏究: 中國のイスラムと民族問題』. 東京大學 出版會. 1995年.

加々美光行.『中國の民族問題: 危機の本質』. 岩波現代文庫. 2008年.

坂原ひろ子.『中國民族主義の神話: 人種·身体·ジェンタ』. 岩波書店. 2004 年.

平野聰.『淸帝國とチベット問題: 多民族統合の成立と瓦解』. 名古屋大學 出版會. 2004年.

A·T·グルンフェルド(八卷佳子 譯).『現代チベットの歩み』. 東方書店. 1994 年.

チベット亡命政府情報·國際關係省(南野善三郎 譯).『チベット入門』. 鳥影 社. 1999年.

W·D·シャカッパ(三浦順子 譯). 『チベット政治史』. 亞細亞大學アジア研究所. 1992年.

ダライ·ラマ(日高一輝 譯). 『この悲劇の國: わがチベット』. 蒼洋社. 1979年.

ダライ·ラマ(山際素男 譯). 『ダライ·ラマ自傳』. 文藝春秋. 1992年.

浜下武志. 『朝貢システムと近代アジア』. 岩波書店. 1997年.

藤岡喜久男. 『中華民國第一共制と張謇』. 汲古書院. 1999年.

金觀濤·劉青峰(若林正丈·村田雄二郎 譯). 『中國社會の超安定システム:「大一統」のメカニズム』. 研文出版. 1987年.

白壽彛 主編. 『中國略史』. 北京·外文出版社. 1983年.

村田雄二郎. 「辛亥革命期の國家構想: 五族共和をめぐって」. ≪現代中國研究≫, 第9号. 2001年 9月.

中見立夫. 「モンゴルの獨立と國際關係」. 溝口雄三ほか 編. 『周緣からの歷史』. 東京大學出版會. 1994年.

■ 중국 문헌

「南京臨時政府公報」. 中國科學院近代史硏究所史料編譯組 編. 『辛亥革命資料』. 中華書局. 1961年.

中國人民政治協商會議全國委員會文史資料硏究委員會 編. 『辛亥革命回憶錄』第1集. 文史資料出版社. 1981年.

中國史學會 主編. 『辛亥革命』第8冊. 上海人民出版社. 1957年.

曹亞伯. 『武昌革命眞史』中. 上海書店. 1982年.

張枬·王忍之 編. 『辛亥革命前十年間時論選集』1-3卷. 生活·讀書·新知三聯書店. 1960, 1977年.

湯志鈞 編. 『章太炎政論選集』上冊. 中華書局. 1977年.

湯志鈞 編.『陶成章集』. 中華書局. 1986年.

劉晴波·彭國興 編校.『陳天華集』. 湖南人民出版社. 1958年.

中國國民黨中央委員會黨史委員會 編.『胡漢民先生文集』第1冊. 中國國民
　　黨中央委員會黨史委員會. 1978年.

丁賢俊·喩作鳳 編.『吳廷芳集』上冊. 中華書局. 1993年.

湯志鈞 編.『康有爲政論集』上冊. 中華書局. 1981年.

梁啓超.『飮氷室合集』全20冊. 中華書局. 2003年.

中國社會科學院近代史硏究所中華民國史硏究室, 中山大學歷史系孫中山硏
　　究室, 廣東省社會科學院歷史硏究室 合編.『孫中山全集』全11卷.
　　中華書局. 1981～1986年.

中國國民黨中央委員會黨史委員會 編.『國父全集』全5冊(英文著述). 中國
　　國民黨中央委員會黨史委員會. 1973年.

王耿雄 編.『孫中山史事詳錄(1911～1913)』. 天津人民出版社. 1986年.

榮孟源 主編.『中國國民黨歷次代表大會及中央全會資料』上·下. 光明日報
　　出版社. 1985年.

中國第二歷史檔案館 編.『中國國民黨第一, 二次全國代表大會會議史料』
　　上·下. 江蘇古籍出版社. 1986年.

中央檔案館 編.『中共中央文件選集』全18冊. 中共中央黨校出版社. 1989
　　～1992年

中共中央黨史硏究室第一硏究部 譯.『蘇共(布). 共産國際與中國國民革命運
　　動(1920～1925)』. 北京圖書館出版社. 1997年.

中國社會科學院近代史硏究所飜譯室 編譯.『共産國際有關中國革命的文獻
　　資料(1919～1928)』第1輯. 中國社會科學出版社. 1981年.

『毛澤東選集』第1～4卷. 人民出版社. 1966年.

『毛澤東選集』第5卷. 人民出版社. 1977年.

中共中央文獻硏究室. 中共湖南省委. 毛澤東早期文稿 編輯組 編.『毛澤東
　　早期文稿(1912.6～1920.11)』. 湖南出版社. 1990年.

毛澤東文獻資料硏究室 編.『毛澤東集』第9卷(延安期V). 北望社. 1971年.

中共中央文獻硏究室 編.『建國以來重要文獻選編』第1冊. 中央文獻出版社. 1992年.

中共中央統戰部 編.『民族問題文獻匯編(1921.7～1949.9)』. 中共中央黨校出版社. 1991年.

中共中央文獻硏究室, 中共西藏自治區委員會 編.『西藏工作文獻選編(1949～2005年)』. 中央文獻出版社. 2005年.

國家民族事務委員會政策硏究室 編.『中國共産黨主要領導人論民族問題』. 民族出版社. 1994年.

切列潘諾夫(中國社會科學院近代史硏究所飜譯室 譯).『中國國民革命的北伐: 一個駐華軍事顧問的札記』. 中國社會科學出版社. 1984年.

黃修榮.『共産國際與中國革命關係史』上. 中共中央黨校出版社. 1989年.

王春霞.『「排滿」與民族主義』. 社會科學文獻出版社. 2005年.

楊春吉·耿鐵華 主編.『高句麗歸屬問題硏究』. 吉林文史出版社. 2000年.

楊松華.『大一統制度與中國興衰』. 北京出版社. 2004年.

雍正帝.『大義覺迷錄』(近代中國史料叢刊, 第36輯). 文海出版社. 1969年.

費孝通 等.『中華民族多元一体格局』. 中央民族學院出版社. 1989年.

陳慧生·陳超.『民國新疆史』. 新疆人民出版社. 1999年.

中國第二歷史檔案館, 中國藏學硏究中心 合編.『康藏糾紛檔案選編』. 中國藏學出版社. 2000年.

周偉洲 主編.『英國俄國與中國西藏』. 中國藏學出版社. 2001年.

劉彦.『中國近時外交史』. 商務印書館. 1921年(『民國叢書』第1編 27冊. 上海書店. 1989年에 수록).

村田雄二郎. 「孫中山與辛亥革命時期的'五族共和'論」.『廣東社會科學』. 2004年 第5期.

지은이 **요코야마 히로아키** (橫山宏章)

1944년 일본 야마구치 현 출생. 히토츠바시 대학 법학부 졸업. 법학 박사. 중국정치·외교사 전공. 메이지학원 대학 법학부 교수. 현립 나가사키 시볼트 대학 국제정보학부 교수를 거쳐 기타큐슈 시립대학원 사회시스템연구과 교수로 재직. 저서로 『중화사상과 현대중국』, 『반일과 반중』(集英社新書), 『나가사키가 만난 근대 중국』(海鳥Books), 『중화민국』(中公新書), 『쑨원과 위안스카이』(岩波新書), 『천두시우』(朝日選書) 등이 있다.

옮긴이 **이용빈**

중국 베이징대 국제정치학과 대학원 수학. 서울대 외교학과 대학원 수료. 서울대 국제문제연구소 간사. 삼성경제연구소 공공정책실 연구분석원. 인도 방위문제연구소(IDSA) 객원연구원 역임. 홍콩국제문제연구소 연구원 및 한림대만연구소(HITS) 객원연구원. 이스라엘 히브리대학 초청 방문. 역서로 『시진핑』(2011), 『김정은 체제』(공역, 2012) 등이 있다.

한울아카데미 1413

중화민족의 탄생
중국의 이민족 지배논리

ⓒ 이용빈, 2012

지은이 | 요코야마 히로아키
옮긴이 | 이용빈
펴낸이 | 김종수
펴낸곳 | 도서출판 한울

편　집 | 김현대

초판 1쇄 인쇄 | 2012년 3월 10일
초판 1쇄 발행 | 2012년 3월 26일

주소 | 413-756 파주시 문발동 535-7 302(본사)
　　　121-801 서울시 마포구 공덕동 105-90 서울빌딩 1층(서울 사무소)
전화 | 영업 02-326-0095, 편집 031-955-0606, 02-336-6183
팩스 | 02-333-7543
홈페이지 | www.hanulbooks.co.kr
등록 | 제406-2003-000051호

Printed in Korea.
ISBN 978-89-460-5413-4 93910

* 가격은 겉표지에 표시되어 있습니다.